Christine Lehner

# Studenten Kochbuch

einfach, schnell und preiswert

$$\left[\bar{x} - c\sqrt{\frac{\bar{x}(1-\bar{x})}{n}} ; \bar{x} + c\sqrt{\frac{\bar{x}(1-\bar{x})}{n}}\right. \quad \text{mit } \Phi(c) = \frac{1+\gamma}{2}$$

$$c^2 = a^2 + b^2 \qquad a^2 = cp;\ b^2 = cq \qquad h^2 = pq$$

$$A = \frac{1}{2} ch = \frac{1}{2} c\sqrt{pq} = \frac{1}{2} ab \qquad x_s = x_1 - y_1 \frac{x_2 - x_1}{y_2 - y_1}$$

$$q = 1 + \frac{p}{100} = 1 + i \ (\text{Zinsfaktor}) \qquad ((f(x_1) \cdot f(x_2) < 0$$

$$E_n = R \cdot \frac{q^n - 1}{q} = R \cdot e_n \qquad f(x_n)$$

$$\left[\bar{x} - c\sqrt{\frac{\bar{x}(1-\bar{x})}{n}} ; \bar{x} + c\sqrt{\frac{\bar{x}(1-\bar{x})}{n}}\right. \quad \text{mit } \Phi(c) = \frac{1+\gamma}{2}$$

$$c^2 = a^2 + b^2 \qquad a^2 = cp;\ b^2 = cq \qquad h^2 = pq$$

$$A = \frac{1}{2} ch = \frac{1}{2} c\sqrt{pq} = \frac{1}{2} ab \qquad x_s = x_1 - y_1 \frac{x_2 - x_1}{y_2 - y_1}$$

$$((f(x_1) \cdot f(x_2) < 0)$$

$$q = 1 + \frac{p}{100} = 1 + i \ (\text{Zinsfaktor})$$

$$E_n = R \cdot \frac{q^n - 1}{q - 1} = R \cdot e_n \qquad x_{n+1} = x_n - \frac{f(x_n)}{f'(x_n)}$$

His $HC$ (N—C—$CH_2$—CH—COOH, N—CH, H, $NH_2$)

$$\frac{x^2}{a^2} + \frac{y^2}{a^2} + \frac{z^2}{c^2} = 1$$

$$\frac{1}{\sqrt{5}} \begin{pmatrix} 2 \\ -1 \end{pmatrix} \cdot \begin{pmatrix} x_1 \\ x_2 \end{pmatrix} - \frac{1}{\sqrt{5}} = ($$

$$a_n = \frac{b_k n^k + b_{k-1} n^{k-1} + \ldots + b_1 n + b_0}{c_l n^l + c_{l-1} n^{l-1} + \ldots + c_1 n + c_0}$$

$$x_{1,2} = \frac{-b \pm \sqrt{b^2 - 4ac}}{2a} \qquad D = b^2 - 4ac \qquad D^* = \left(\frac{p}{2}\right)^2 - q$$

$$\frac{a}{b} = \frac{c}{d} \Leftrightarrow a \cdot d = b \cdot c \Leftrightarrow a : b = c : d \qquad Z = \frac{K \cdot p \cdot t}{100 \cdot 360}$$

$$\sqrt[m]{\sqrt[n]{a}} = \sqrt[mn]{a} = \sqrt[n]{\sqrt[m]{a}} \qquad (1+x)^m > 1 + mx \text{ für } m \geq 2 \ldots$$

$$\sqrt[n]{z} = \sqrt[n]{a+bi} = \sqrt[n]{r} \left(\cos \frac{\varphi + k \cdot 360^\circ}{n} + i \cdot \sin \frac{\varphi + k \cdot 360^\circ}{n}\right)$$

$$s = \frac{1}{2} \int_{t_1}^{t_2} (\varphi \psi' - \varphi' \psi)\, dt = \frac{1}{2} \int_{\varphi_1}^{\varphi_2} r^2 \, d\varphi \qquad E(X) = \mu = \sum_{i=1}^{n} x_i \cdot f(x_i)$$

Christine Lehner

# Studenten Kochbuch

einfach, schnell und preiswert

EDITION XXL

# Inhaltsverzeichnis

# Tipps und Tricks

Kochen lernen ist wie Schwimmen lernen oder das erste Mal, nach dem Sprung ins kalte Wasser folgt der Genuss. Wie überall im Leben helfen dabei ein bisschen Fantasie, Kreativität und Lust am Experimentieren.
In wenigen Minuten lassen sich aus einfachen Zutaten leckere Gerichte zaubern und z. B. für Parties und Freunde toll garnieren.

Die Rezepte in diesem Buch sind für diejenigen kreiert, die Lust auf leckere Gerichte haben und mit dem Kochen gerade erst beginnen, wobei noch genügend Zeit für die wichtigen Dinge im Leben – das Studium zum Beispiel oder Sport oder Freunde und Kino – bleiben soll.
Um genug Energie zu tanken und fit für den Tag zu sein, kommt jedes Rezept mit möglichst wenig gesättigten und daher ungesunden Fetten aus. Vitamine sind dafür umso wichtiger und beim Verwenden von frischen Zutaten reichlich vorhanden.

Alle lebensnotwendigen Rezepte für Studenten finden sich hier: schnelle Snacks für die Uni, das Guacamole-Rezept für die Fiesta Mexicana, Blitzrezepte für die schnelle Küche, Basics wie Wiener Schnitzel und Kartoffelsalat, raffinierte Gerichte für ein „Dinner for Two“, z. B. Spargel-Risotto, allerlei Exotisches wie z. B. Thai Coconut-Chicken oder Sushi, die besten Cocktails, die leckersten Desserts und natürlich Pasta. „Klar, ich sorge für die Erdbeerbowle!“ oder „O. K., das Tiramisu bringe ich mit!“ stellen mit diesem Kochbuch keine unlösbaren Aufgaben mehr dar.
Die Zubereitung ist einfach erklärt und mit Bildern anschaulich dargestellt.
Auf das aufwändige Zubereiten von Teigen kann man fast vollständig verzichten. Fertige Teige wie Blätter- oder Strudelteig aus dem Kühlregal sind genauso gut. Auch das Waschen und Putzen von Gemüse kann entfallen, verwendet man knackiges Gemüse aus dem Tiefkühlregal.
Hat man ein Gefrierfach zu Hause, das das Einfrieren von Speisen erlaubt (gekennzeichnet mit 4 Sternen), kann man sich eine Menge Zeit durch Vorkochen und Einfrieren ersparen und auch eine größere Menge an eingefrorenen Zutaten vorrätig haben (z. B. Schinken, Brot, Kräuter, Milch, saure Sahne, frischen Parmesan, Butter).

# Tipps und Tricks

# Werkzeug

Für die ersten Kochversuche kommt man mit wenigen Dingen aus: Neben einem Herd und eventuell einem Kühlschrank zeigt folgende Pyramide, wie die Küche für Anfänger, Fortgeschrittene und Profis ausgerüstet sein sollte.

Mit ein wenig Fantasie lässt sich aber auch fehlendes Werkzeug leicht ersetzen: Fehlt z. B. ein Nudelwalker, kann man zum Ausrollen des Teiges eine saubere Weinflasche verwenden.

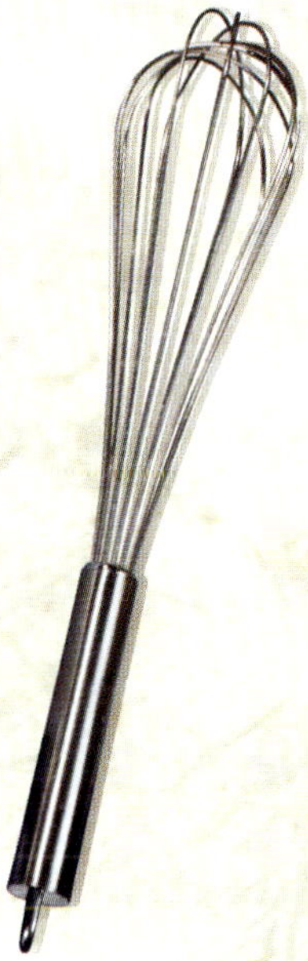

**III. Profis**
Mikrowelle
Gemüseschäler
Feuerfeste Form zum
Gratinieren im Backofen

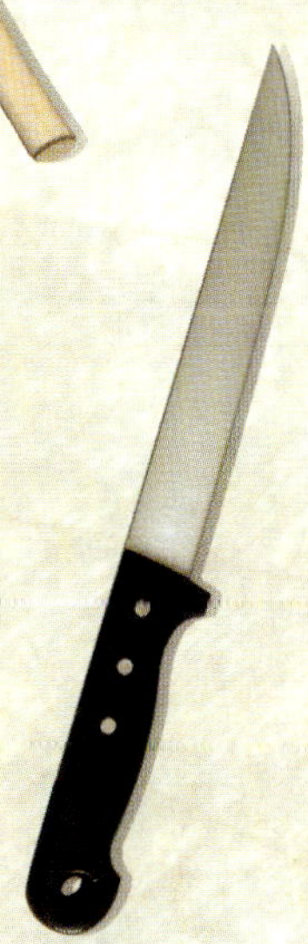

**II. Fortgeschrittene**
Mixer mit Pürierstab
Küchenwaage
Kleine Pfanne
3 Geschirrtücher
Kleine Rührschüssel
Verschiedene luftdicht schließende
Gefäße aus Kunststoff (zum Einfrieren)
und Glas (zum Aufbewahren) von Lebensmitteln.
(Als kostengünstige Variante können dazu auch
Marmelade- oder Sugogläser verwendet werden.)

**I. Anfänger**
1 Schneidbrett
1 Kochlöffel
1 Schneebesen (statt Mixer)
Reibe z. B. für Karotten, Parmesan, Gurken
Kleinere Kasserolle mit Deckel
Große Kasserolle mit Deckel z. B. für Pasta
Große Pfanne mit Deckel
Große Rührschüssel aus Kunststoff
Je 1 scharfes Messer mit kurzer bzw. langer Klinge
1 Glas mit 1/8 l und 1/4 l Messstrich (statt Küchen-Messbecher)

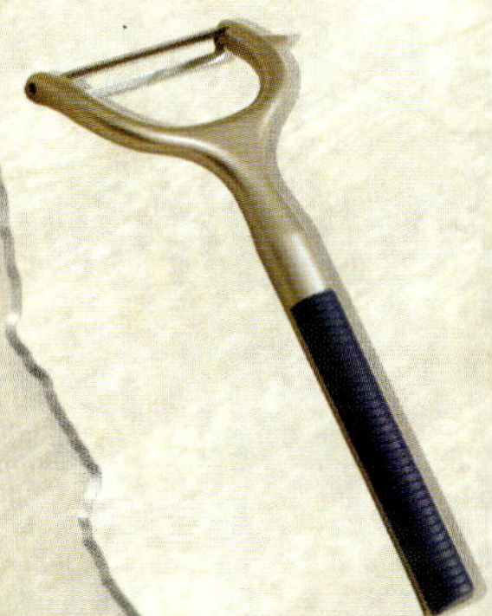

# Der Vorratsschrank

Fünf Freunde kommen überraschend zum Essen? – Kein Problem! Überraschender Besuch? Eine Party einfach so? Oder ein tolles Dinner for Two? Mit wenigen Dingen, die man immer zu Hause hat, lassen sich die leckersten Gerichte aus diesem Buch einfach und schnell zaubern. Praktisch ist dafür auf jeden Fall ein Gefrierfach im Kühlschrank. So lassen sich größere Portionen vorkochen oder Zutaten, die immer frisch sein sollten, wie etwa Brot, einfrieren.

Beim Einkauf lohnt es sich, immer auf die Haltbarkeitsdauer zu achten. Oft hält z. B. saure Sahne aus der hintersten Reihe im Regal bis zu zwei Wochen länger als die vorne stehenden Becher und auf zwei Wochen kommt es bei einem spontanen Studentenleben nicht zu selten an! Und das sollte immer vorrätig sein:

✗ 1 kg Pasta
z. B. 500 g Spagetti oder Tagliatelle und 500 g Penne

✗ 1 kg Reis
Italienischer Rundkornreis für Risotto und Mittelkornreis (Naturreis) als schnelle Beilage.
Zubereitung als Beilage:
50 g Reis pro Person in wenig Butter kurz anschwitzen, salzen und mit Wasser (die 2,5-fache Menge vom Reis) aufgießen. Nicht umrühren und etwa 15 Min. auf kleiner Stufe ohne Deckel köcheln lassen und mit etwas Butter verfeinern.

✗ 5 Kartoffeln
Festkochende Kartoffeln z. B. für Rösti oder Petersilien-Kartoffeln bzw. Kartoffelgratin und natürlich Kartoffelsalat.
Weichkochende Kartoffeln eignen sich z. B. für Kartoffelpüree und Teige.
Zubereitung als Beilage: Kartoffeln waschen, in kochendes Salzwasser legen und etwa 20 Min. kochen. Danach mit einer Gabel probieren, ob die Kartoffeln schon gar sind. Kartoffeln schälen (ist bei jungen Frühkartoffeln nicht nötig) und z. B. mit Butter, Salz und frischer Petersilie servieren.

✗ 3 Eier

✗ 1 Packung Blätterteig

✗ 1 Baguette zum Fertigbacken oder tiefgekühlt.

✗ 1 Liter H-Milch

✗ Löslicher Kaffee

✗ Suppenwürfel für Gemüsebrühe

- ✗ 1 Päckchen geriebener Parmesan (200 g)
- ✗ 1 Päckchen Butter
- ✗ 1 Becher Jogurt
- ✗ 1 Becher Sauerrahm (Schmand), saure Sahne oder italienisches Küchenpanna (ist länger haltbar)
- ✗ 1 Packung Gervais (Frischkäse) natur oder Quark (20 % Fett)
- ✗ 100 g Schinken
- ✗ 100 g Kalamata-Oliven (in der Dose)
- ✗ 1 Liter Olivenöl
- ✗ 1 Liter Pflanzenöl mit neutralem Geschmack, z. B. Maiskeim-, Raps-, Sonnenblumen- oder Distelöl
- ✗ 1 Liter Essig (Apfelessig oder italienischer Weinessig)
- ✗ 1 kg Mehl Type 405
- ✗ 1 kg Zucker
- ✗ 1-2 Zwiebeln
- ✗ 1 Knolle Knoblauch (oder Knoblauchpaste)
- ✗ 1 Dose gekochte Fleischtomaten
- ✗ 1 Tube Tomatenmark
- ✗ 1 Packung passierte Tomaten
- ✗ 1 Dose Tunfisch in Pflanzenöl
- ✗ 1 Dose weiße Bohnen
- ✗ 200 g Feta (griechischer Schafskäse, hält bis zu vier Wochen)
- ✗ Verschiedene Gewürze

# Der Vorratsschrank

✗ Salz
Für Salz gilt: Weniger ist mehr! Kochanfänger würzen häufig mit viel zu viel Salz, das dann den feinen Eigengeschmack der Zutaten überdeckt. Kräuter würzen dagegen viel feiner und sind auch um einiges gesünder. Nachsalzen ist immer möglich, meist aber gar nicht nötig.

✗ Pfeffer
Am besten ganze Körner für die Mühle, fertig gemahlen ist aber auch o. k.

✗ Kräuter
So oft wie möglich frische Kräuter verwenden! Frische Kräuter schmecken nicht nur besser, sie enthalten mehr Vitamine und eignen sich auch hervorragend zum Garnieren. Frische Kräuter wie Basilikum, Oregano, Thymian, Schnittlauch oder Petersilie bekommt man im Supermarkt, sie lassen sich aber auch auf einem sonnigen Fensterplätzchen mit viel Wasser ziehen.
Als Alternative bieten sich Tiefkühlkräuter an, entweder fertig gekauft oder selbst frisch vom Markt portionsweise eingefroren, was den Geldbeutel schont.
Getrocknete Kräuter bzw. Gewürzmischungen sind in luftdicht verschlossenen Behältnissen am längsten haltbar und einfach zu verwenden. Vorrätig sein sollten immer Basilikum, Oregano, Schnittlauch und Petersilie (glatt) bzw. die Gewürzmischung „Kräuter der Provence“ (aus Basilikum, Oregano, Thymian, Rosmarin), die für schnelle und raffinierte Pastarezepte benötigt werden.

✗ Knabbereien
Es ist immer praktisch, verschiedene Knabbereien vorrätig zu haben. Kinoabende mit Freunden zu Hause oder lange Gruppenarbeiten sind dann doppelt so erfolgreich und raffinierte Snacks lassen sich im Nu zubereiten z. B. mit Brotstangen (Grissini), Crackers und Salzstangen.

TRINK-
SCHOKOLADE
ZUCKER
Erdnuss
Plätzchen
Klare
Suppe
BELMONT
GOLD
Tagliatelle
GEROLSTEINER
SPRUDEL

# Der Vorratsschrank

**Und diese 22 Gerichte lassen sich aus den Zutaten des Vorratsschrankes immer rasch zubereiten:**

### Abkürzungen der Maßeinheiten:

g = Gramm
kg = Kilogramm
l = Liter = 1 000 ml = 1 kg = 1 000 g
1 ml = 1 g
1 cl = 10 ml
1 TL = 1 Teelöffel = 5 ml = 5 g
1 EL = 1 Esslöffel = 15 ml = 15 g
1 Tasse = ca. 1/8 l = 125 ml = 125 g

### Mengenangaben für eine Person:

Mit diesen Mengenangaben lassen sich die Gerichte leicht auf mehr oder weniger Personen umrechnen.

| | |
|---|---|
| Bratfleisch oder Kotelett (mit Knochen) | 150 g |
| Steak (Rind) oder Fischfilet | 200 g |
| Schnitzel | 120 g |
| Gemüse als Beilage | 300 g |
| Kartoffeln als Beilage | 200 g |
| Reis und Nudeln (roh) als Beilage | 50 g |
| Reis und Nudeln (roh) als Hauptspeise | 100 g |

## Sandwichs und Burgers

Die amerikanischen Hamburger-Ketten haben sich als Fastfood-Renner erwiesen, doch was dort in Großküchen entsteht, lässt sich leicht auch aus dem eigenen Kühlschrank zaubern. Alles, was man dazu braucht, ist frisches Gemüse wie Salat und Tomaten, eine Fleisch- oder Gemüsefrikadelle und ein Hamburgerbrötchen (mit Sesam) bzw. ein Vollkornbrötchen. Dazu eine Essiggurke, Ketschup, Majonäse oder Senf.

### Hamburger

**Zutaten für 2 Burger:**

300 g Hackfleisch (vom Rind)
2 Hamburgerbrötchen (mit Sesam)
1 Zwiebel
1 Essiggurke, fein gewürfelt
1 TL Senf
Salz, Pfeffer
2 EL Öl
1 Tomate, in Scheiben geschnitten
4 Blätter grüner Salat
4 EL Ketschup

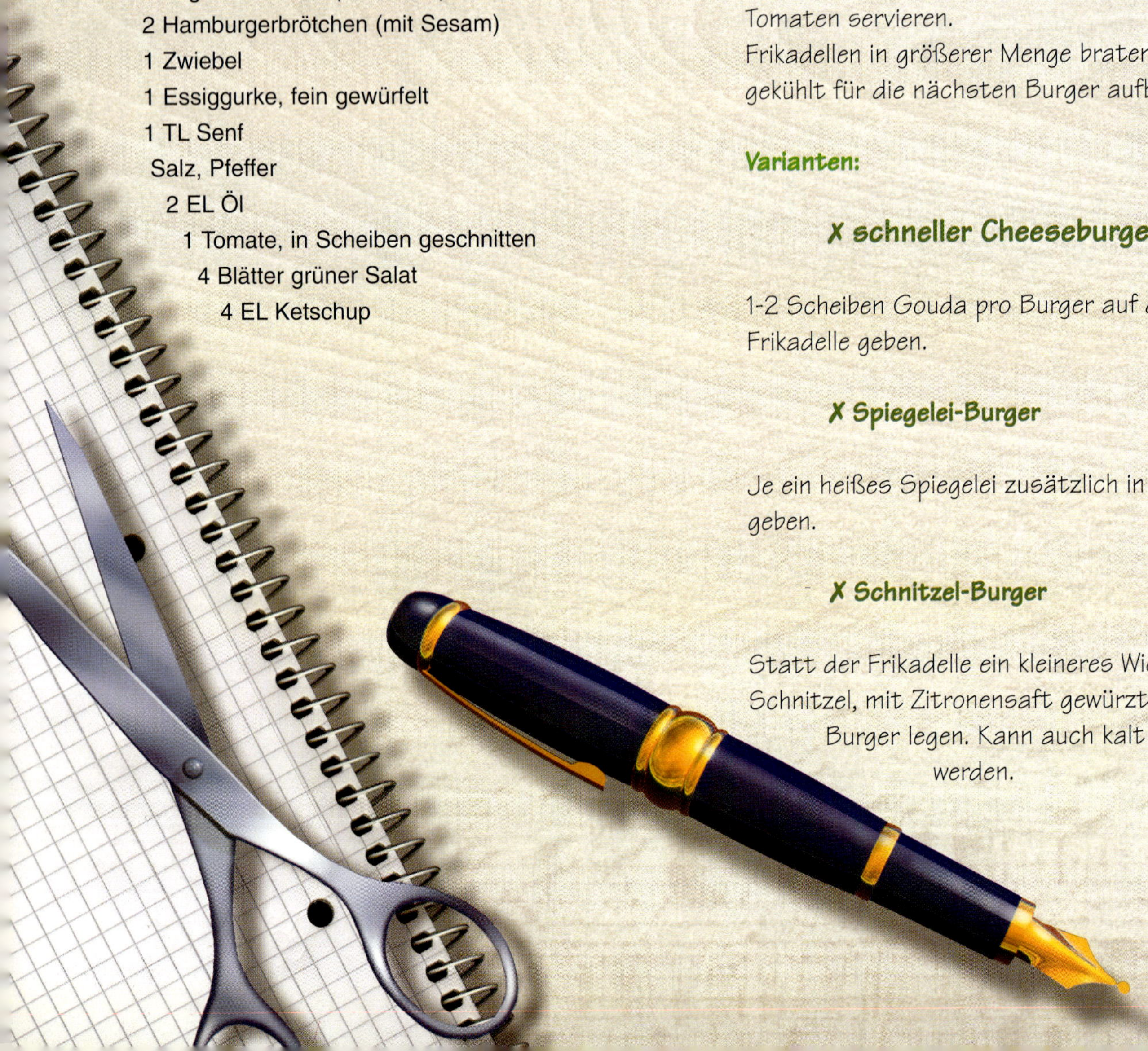

**Zubereitung:**

Eine Hälfte der Zwiebel in Ringe, die andere Hälfte fein würfelig schneiden.
Das Hackfleisch mit der klein geschnittenen Zwiebel, der Gurke, Salz und Pfeffer verkneten.
Die Masse zu zwei Frikadellen formen und in einer Pfanne in heißem Öl kräftig anbraten.
Die Hamburgerbrötchen in der Mitte durchschneiden und nach Geschmack leicht toasten oder im Backofen knusprig aufbacken.
Jede Hälfte mit Ketschup bestreichen und je eine Frikadelle zwischen den beiden Hälften mit Salat, den Zwiebel- und Tomatenringen anrichten.

**Tipp:**

Mit einem angemachten grünen Salat und Tomaten servieren.
Frikadellen in größerer Menge braten und tiefgekühlt für die nächsten Burger aufbewahren.

**Varianten:**

**✗ schneller Cheeseburger**

1-2 Scheiben Gouda pro Burger auf die Frikadelle geben.

**✗ Spiegelei-Burger**

Je ein heißes Spiegelei zusätzlich in den Burger geben.

**✗ Schnitzel-Burger**

Statt der Frikadelle ein kleineres Wiener Schnitzel, mit Zitronensaft gewürzt, in den Burger legen. Kann auch kalt gegessen werden.

## Veggie-Burger

**Zutaten für 2 Burger:**

2 Hamburgerbrötchen (mit Sesam)
2 Gemüsefrikadellen
1 Avocado
4 Gurkenscheiben
Salz, Pfeffer
4 Tomatenscheiben
4 Blätter grüner Salat

**Zubereitung:**

Die Hamburgerbrötchen in der Mitte durchschneiden und nach Geschmack leicht toasten oder im Backofen knusprig aufbacken.
Je eine Hälfte mit dem Fruchtfleisch einer halben Avocado bestreichen.
2 Salatblätter, 1 Gurken- und Tomatenscheibe und 1 Gemüsefrikadelle pro Burger drauflegen und nochmals mit je einer Tomaten- und Gurkenscheibe abschließen.
Mit der anderen Brötchenhälfte bedecken.
Nach Geschmack mit etwas Majonäse verfeinern bzw. mit Salz und Pfeffer nachwürzen.
Tipp: Nach Lust und Laune auch z. B. mit einer Scheibe Rote Bete oder Zuckermais füllen.

## Aufstriche

Die Aufstriche sind im Nu zubereitet und schmecken lecker auf Sandwichbrot (z. B. Tunfischaufstrich), Vollkornbrot (z. B. Kräuter-Quark) oder allen anderen Brotsorten, auf die man gerade beim Bäcker Lust hat. Für Parties lassen sie sich leicht toll anrichten und garnieren.

### Avocadoaufstrich mit Erdnüssen

**Zutaten:**

2 reife Avocados
1 TL Zitronensaft
2 hart gekochte Eier (nur das Eigelb)
3-4 EL geröstete Erdnüsse, fein zerkleinert
1 TL frische Petersilie, fein gehackt

**Zubereitung:**

Die Avocados halbieren, das Fruchtfleisch mit einem Löffel aus der Schale lösen und mit einer Gabel zerdrücken. Nach und nach die Eigelb, Zitronensaft, Erdnüsse und Petersilie untermischen und gut vermengen.

### Mexikanische Avocado-Creme (Guacamole)

**Zutaten:**

2 reife Avocados
1 reife Fleischtomate
2 frische rote Chilischoten (eine davon zum Garnieren; Vorsicht: scharf!)
1/2 Zwiebel, klein gehackt
1 EL Limetten- oder Zitronensaft
1/2 Bund glatte Petersilie oder Koriander, klein gehackt
Salz, Pfeffer

**Zubereitung:**

Die Avocados halbieren, das Fruchtfleisch mit einem Löffel aus der Schale lösen und mit einer Gabel zerdrücken.
Die Tomaten von den Kernen befreien und sehr klein schneiden.
Eine Chilischote von den Kernen befreien und fein hacken.
Das Avocado-Püree mit den Tomaten, der Zwiebel, der Chili und z. B. Petersilie oder Koriander gut vermischen.
Mit Salz und Pfeffer abschmecken und mit der zweiten Chili-Schote garnieren.

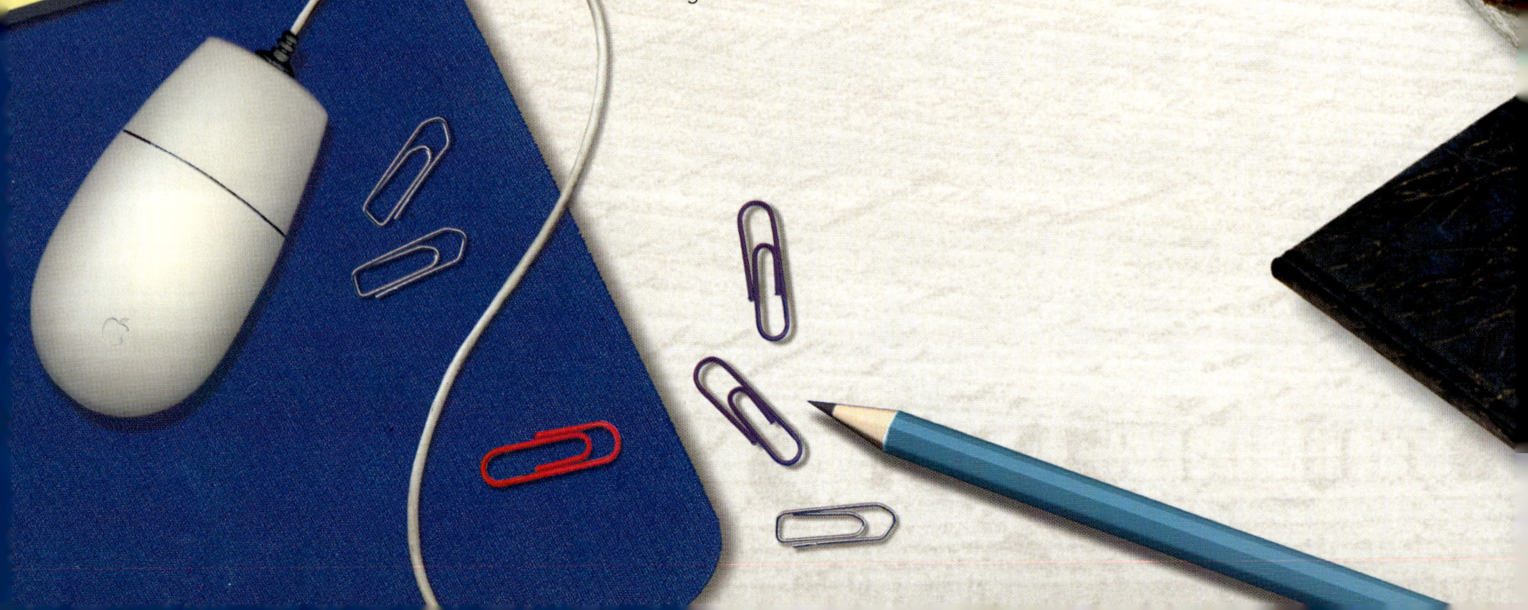

## Kräuter-Quark

**Zutaten:**

100 g Quark (20 % Fett)
2 EL saure Sahne
1 Zwiebel
frische Kräuter wie z. B. Schnittlauch, Kresse oder Petersilie, fein gehackt
1 TL gemahlener Kümmel
1/5 Zehe Knoblauch, zerdrückt
Salz, Pfeffer

**Zubereitung:**

Den Quark mit der Sahne gut verrühren.
Die Zwiebel fein hacken und zusammen mit Kümmel, Knoblauch und den Kräutern unterrühren. Mit Salz und Pfeffer abschmecken und Kräutern garnieren.

## Kräuter-Gervais

**Zutaten:**

250 g Gervais oder Frischkäse
2 EL saure Sahne
1 kleine Zwiebel
frische Kräuter wie z. B. Schnittlauch, Kresse oder Petersilie, Salz

**Zubereitung:**

Den Frischkäse oder Gervais mit der Sahne gut verrühren.
Die Zwiebel und die Kräuter fein hacken und unterrühren.
Mit Salz abschmecken und mit Kräutern garnieren.

## Kartoffelaufstrich

Aus gekochten Kartoffeln z. B. vom Vortag wird so ein leckerer Brotaufstrich.

**Zutaten:**

3 große, gekochte Kartoffeln
2 hart gekochte Eier
2 Zwiebeln
2 EL neutrales Pflanzenöl
1 Bund Petersilie, fein gehackt
2 EL saure Sahne
Salz und Pfeffer

**Zubereitung:**

Die Zwiebeln fein hacken und in einer heißen Pfanne mit dem Pflanzenöl glasig werden lassen.
Die Eier schälen und fein hacken. Die Kartoffeln mit einer Gabel zerdrücken und mit den Eiern, den Zwiebeln, der Sahne und der Petersilie vermengen und mit Salz und Pfeffer würzen.

## Liptauer (Wiener Heurigenaufstrich)

**Zutaten:**

250 g Quark (20 % Fett)
50 g weiche Butter
1 Zwiebel
1 Bund Schnittlauch
1 TL Kapern
1 Sardellenfilet
1 TL scharfer Senf
1 EL Paprika, edelsüß
1/2 TL gemahlener Kümmel
Salz

**Zubereitung:**

Den Quark mit der Butter gut verrühren.
Zwiebel, Schnittlauch, Kapern und das Sardellenfilet fein hacken und mit der Quarkmasse vermengen.
Den Aufstrich mit Senf, Paprika, Kümmel und Salz pikant würzen.

## Tunfischaufstrich

**Zutaten:**

200 g Tunfisch in Pflanzenöl (aus der Dose)
100 g Jogurt
1 Frühlingszwiebel
Salz, Pfeffer
(1 EL Kapern)

**Zubereitung:**

Tunfisch abgießen und in kleine Stücke zerteilen.
Die Frühlingszwiebel klein würfeln und mit dem Fisch und dem Jogurt vermengen.
Mit Salz, Pfeffer und eventuell mit gehackten Kapern abschmecken.

## Heringskäse

**Zutaten:**

200 g Matjesfilets
1 kleiner Apfel, säuerlich
1 kleine Zwiebel, fein gehackt
100 g Quark (20 % Fett)
2 EL saure Sahne
1 Bund Petersilie, fein gehackt
Pfeffer
Als Garnitur: z. B. 1 hart gekochtes Ei

**Zubereitung:**

Den Quark mit der sauren Sahne gut verrühren.
Die Matjesfilets waschen, von Gräten befreien und fein hacken.
Den Apfel waschen, fein raspeln und mit der Zwiebel, der Petersilie, Pfeffer und dem Quark gut verrühren.
Mit einem hart gekochten Ei garnieren.

## Feta-Creme mit Oliven

**Zutaten:**

50 g weiche Butter
200 g Feta (griechischer Schafskäse)
2 EL saure Sahne
80 g Kalamata-Oliven (schwarz)
1 Knoblauchzehe
1 kleine rote Chili
Thymian und Rosmarin

**Zubereitung:**

Den Feta zerdrücken und mit der Butter und der Sahne gut verrühren.
Die Oliven entkernen und 2/3 davon zerkleinern, den Rest zum Garnieren beiseite legen.
Die entkernte Chili, Rosmarin und Thymian zerkleinern und unterrühren.
Mit den übrigen Oliven garnieren.

## Knackiges Gemüse mit Dip

**Zutaten:**

Frisches Gemüse, z. B. rote und gelbe Paprikaschoten, Salatgurke, Staudensellerie, Knollensellerie, Möhren und Radieschen.

## Kräuter-Jogurt-Dip

**Zutaten:**

1 Becher Jogurt (oder saure Sahne)
1 TL Pflanzenöl
1 TL Zitronensaft
frische Kräuter, z. B. Schnittlauch, Petersilie, Dill und Kerbel
Salz, Knoblauch

**Zubereitung:**
Die Gemüse waschen, putzen und in Stäbchen schneiden.
Auf einem Teller auflegen oder in Gläsern servieren.
Kräuter-Jogurt-Dip: Den Jogurt mit Salz, Knoblauch und frischen Kräutern würzen. Etwas Zitronensaft und 1 TL Pflanzenöl unterrühren.

**Dip-Varianten:**

### ✗ Italiana

**Zutaten:**
1 Becher saure Sahne
1 TL Senf
2 EL Öl
2 EL Weinessig oder Zitronensaft
Zucker, Salz und Pfeffer
2 mittelgroße Zwiebeln, fein gehackt
1-2 Gewürzgurken
1 EL gehackte Petersilie
1 EL Kapern
1 EL fein geschnittener Schnittlauch

**Zubereitung:**
Sahne, Senf und Öl gut verrühren und Essig oder Zitronensaft und die Gewürze hinzufügen.
Zwiebeln, Gewürzgurke, Petersilie und Schnittlauch fein hacken und mit den Kapern unterrühren.
Die Sauce pikant abschmecken.

**Tipp:**
Schmeckt auch gut zu gegrillten Spießen.

### ✗ Meerrettich-Dip

**Zutaten:**
150 g Gervais oder Magerquark
2 TL Meerrettich, gerieben (oder Meerrettich mit Sahne aus dem Glas)
Salz, Pfeffer
1 TL Zitronensaft
1 hart gekochtes Ei

**Zubereitung:**
Das hart gekochte Ei fein würfeln und mit dem Gervais oder Magerquark, Meerrettich, Zitronensaft und den Gewürzen vermengen und cremig rühren.
Falls der Dip dann noch etwas zu dickflüssig ist, 1-2 EL saure Sahne unterrühren.

## Mozzarella mit Tomaten und Basilikum

Beliebte italienische Vorspeise. Ideal im Sommer als leichtes Gericht, mit Weißbrot serviert.

**Zutaten für 2 Personen:**

200 g Mozzarella
3-4 Tomaten (am besten Fleischtomaten)
Salz, frisches Basilikum
Olivenöl
Baguette oder Weißbrot

**Zubereitung:**

Mozzarella abgießen und in Scheiben schneiden.
Tomaten waschen und ebenfalls in Scheiben schneiden.
Abwechselnd je eine Mozzarella- und eine Tomatenscheibe fächerartig auf einem Teller anrichten, mit Olivenöl übergießen und mit Basilikum bestreuen oder frische Blätter dazwischen legen.
Salzen und mit Weißbrot servieren.

## Knoblauchbaguette

**Zutaten für 4 Personen:**

1 frisches Baguette oder 4 kleine Baguettes zum Fertigbacken
4 EL Butter
Salz
4 Knoblauchzehen

**Zubereitung:**

Die Knoblauchzehen schälen, klein schneiden und mit einer Gabel vorsichtig zerdrücken.
Die Baguettes schräg einschneiden, eventuell mit etwas Wasser befeuchten und in jeden Einschnitt etwas Butter, Knoblauch und Salz geben.
Im Backofen die Baguettes fertig backen bzw. die Butter schmelzen lassen.

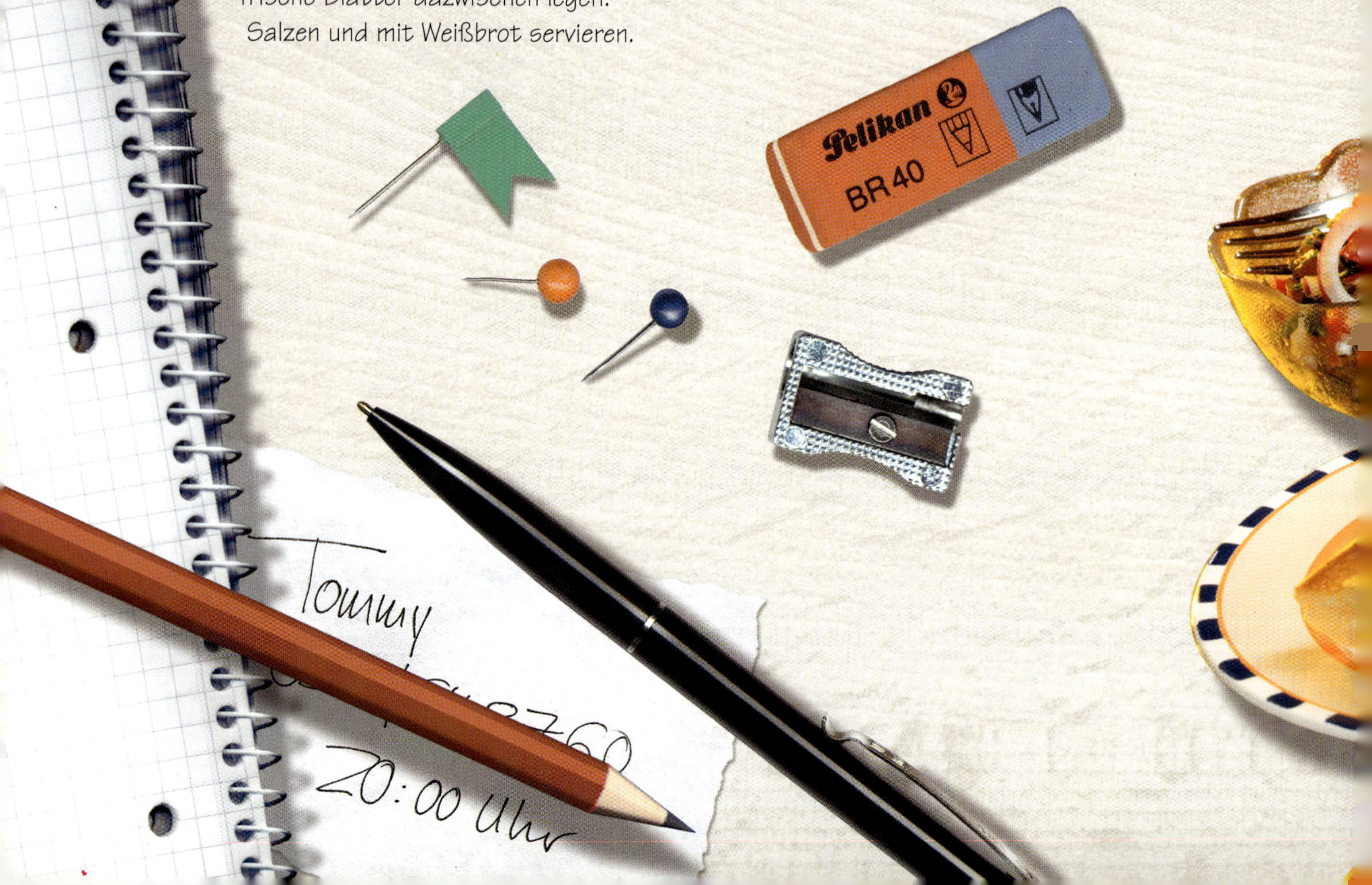

## Bruschetta

**Zutaten für 4 Personen als Vorspeise:**

Ciabatta- oder Weißbrot bzw. Baguette
250 g reife Fleischtomaten
1 rote Zwiebel
1-2 EL Olivenöl
1 Knoblauchzehe
2 EL klein geschnittenes Basilikum

**Zubereitung:**

Das Brot in etwa 1 cm dicke Scheiben schneiden, (in der Pfanne) toasten und mit der angeschnittenen Knoblauchzehe abreiben.
Die Tomaten und die rote Zwiebel klein schneiden und mit Olivenöl und Basilikum in einer Schüssel vermengen, mit Salz und Pfeffer abschmecken.
Die Masse auf den noch heißen Brotscheiben verteilen.

FOR MUSIC

## Crackers and Cheese

Crackers and Cheese sind in Großbritannien oder Australien als Vorspeise, aber auch als Dessert beliebt. Für Parties sind Crackers and Cheese als Käsebuffet oder als Snack zwischendurch eine tolle Idee.

**Zutaten:**

Cracker
Verschiedene Käsesorten
Als Garnitur: halbe Walnüsse, getrocknete Aprikosen, weiße und blaue Weintrauben oder auch Radieschen und frische Kräuter.

**Zubereitung:**

Auf einem großen (Holz-)Teller die Käsesorten und z. B. Kräuter-Gervais oder Kräuter-Quark bzw. verschiedene Aufstriche anordnen und mit Crackern, Nüssen, Trockenfrüchten, Trauben, Radieschen und Kräutern dekorieren.

## Bouillon mit Ei

**Zutaten für 4 Tassen:**

Suppenwürfel (Fleischbrühe) für 1 l Wasser
4 Eigelbe
2 EL gehackte Petersilie

**Zubereitung:**

1 l Wasser in einer Kasserolle erhitzen und die Suppenwürfel auflösen.
Die heiße Suppe auf die Tassen verteilen und in jede Tasse vorsichtig ein Eigelb gleiten lassen.
Mit Petersilie bestreuen und sofort servieren.

## Französische Zwiebelsuppe mit Croûtons

### Zutaten (für 2 Teller):

2 große Zwiebeln
1/16 l trockener Weißwein
30 g Butter
2 Scheiben Toastbrot, in Würfel geschnitten
Suppenwürfel für 1/2 l Gemüse- oder Rinderbrühe
Salz, Pfeffer, Knoblauch, etwas geriebener Parmesan

### Zubereitung:

Zwiebeln in Ringe schneiden und in der Butter goldbraun anbraten. (Vorsicht: zu dunkel angebratene Zwiebeln schmecken bitter!) Mit ca. 1/2 l Wasser ablöschen, Brühwürfel, Salz und Pfeffer dazugeben und 20 Min. zugedeckt leicht köcheln lassen. Knoblauch und Weißwein unterrühren und mit Croûtons servieren, Parmesan darüber streu-en.

**Croûtons:** Während die Suppe kocht, das gewürfelte Toastbrot in einer heißen Pfanne mit Butter knusprig rösten.

## Tomatensuppe

### Zutaten für 2-3 Teller:

1 Dose Tomaten (am besten italienische Fleischtomaten)
1 Packung passierte Tomaten
1 EL Olivenöl
4 EL saure Sahne oder Crème fraîche
Pfeffer, Salz, etwas Oregano oder Basilikum (am besten frische Blätter, etwas zerkleinert)
Knoblauch

### Zubereitung:

Tomaten aus der Dose etwas abtropfen lassen, den Saft jedoch in einer Schüssel auffangen. Den Stielansatz ausschneiden und die Tomaten zerkleinern.
In einem Topf das Olivenöl heiß werden lassen und die zerkleinerten und die passierten Tomaten dazugeben.
Mit Oregano oder Basilikum, etwas Pfeffer und Salz würzen.
Je nach Konsistenz der Suppe kann noch etwas vom Saft hinzugefügt werden.
Mit Maisstärke oder Mehlschwitze (Instant) lässt sich die Suppe leicht etwas eindicken.
1 EL Crème fraîche mit Knoblauch würzen und einzeln auf jede Portion im Teller geben.

### Tipp:

Kleine gekochte Pasta passt hervorragend als Suppeneinlage.

## Gemüsecremesuppe

**Zutaten für 4 Teller:**

400 g frisches Gemüse, z. B. Brokkoli
1 kleine Zwiebel, würfelig geschnitten
1 EL Butter
1 EL Mehl
1 l Wasser
Salz
Schnittlauch oder Petersilie, fein gehackt
1 EL saure Sahne

**Zubereitung:**

Den Brokkoli waschen und die Röschen vom Stamm schneiden.
In einer größeren Kasserolle die Butter erhitzen und die Zwiebelwürfel darin goldbraun anbraten.
Das Mehl darüber streuen, noch kurz rösten und mit dem Wasser ablöschen.

Nach 5 Min. die Brokkoliröschen dazugeben und in etwa 8 Min. weich kochen.
Einige Röschen herausnehmen, beiseite legen und die Suppe mit einem Pürierstab pürieren.
Die ganzen Röschen wieder dazugeben und die Suppe mit Petersilie oder Schnittlauch (intensiverer Geschmack) bestreuen.
1 EL saure Sahne einrühren – das macht die Suppe besonders cremig.

**Variante:**

✗ Anstelle von Brokkoli schmecken Blumenkohl, Zucchinis oder Spargel, gemischt mit Karotten und Erbsen, genauso lecker!

## Kartoffelsuppe

**Zutaten für 4 Teller:**

Suppenwürfel (Fleischbrühe) für 1 l Wasser
1 Möhre
1 Bund Suppengrün
1 Zwiebel
2 EL Butter
800 g Kartoffeln (festkochend)
2 EL Petersilie
2 TL frischer Majoran
Salz, Pfeffer

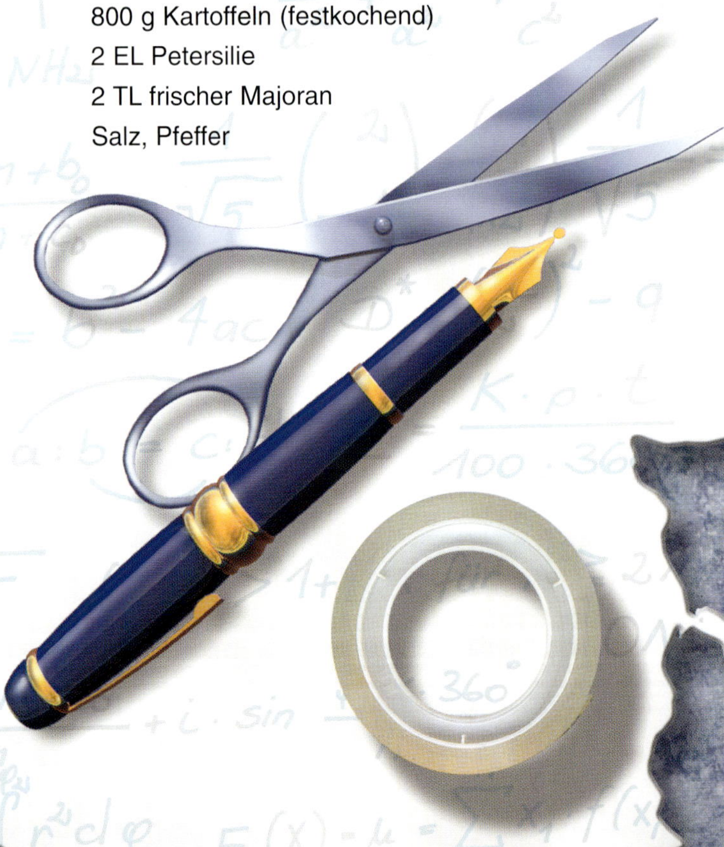

**Zubereitung:**

Die Möhre und die Zwiebel schälen, das Suppengrün putzen, alles würfeln und mit 1 EL Butter in einer größeren Kasserolle andünsten. Die Kartoffeln schälen, würfeln (1x1 cm) und einige Minuten mitdünsten.

1 l Wasser in einer Kasserolle erhitzen, die Suppenwürfel auflösen, die Kartoffeln und das Gemüse damit aufgießen und weich kochen (ca. 10 Min.).

Mit Salz, Pfeffer, klein geschnittenem Majoran und Petersilie würzen und noch mit 1 EL Butter verfeinern.

**Tipp:**

2 Paar Wiener Würstchen, in Scheiben geschnitten, machen die Kartoffelsuppe zu einem feinen Suppentopf.

## Eisbergsalat mit Essig-Öl-Vinaigrette

**Zutaten:**
1 Eisbergsalat
Salz
Essig
Oliven- oder Pflanzenöl
frische Kräuter

**Zubereitung:**
Die äußeren Blätter entfernen, den Salat waschen und in etwa 3 cm breite Scheiben schneiden.
Pro Person eine Scheibe auf einem Teller anrichten und mit Essig, Öl, Salz und frischen Kräutern marinieren.

**Varianten:**

### ✗ Jogurt-/Saure-Sahne-Dressing

Etwas saure Sahne oder Jogurt (weniger Kalorien!) mit Salz, Knoblauch und frischen Kräutern würzen. Etwas Zitronensaft und 1 TL Pflanzenöl unterrühren.

### ✗ Putenbruststreifen

Putenfilet in Streifen schneiden, pfeffern und in einer Pfanne mit etwas Olivenöl anbraten. Auf dem Salat mit Essig-Öl-Vinaigrette anrichten.

### ✗ Tomaten und Mozzarella

Tomaten und Mozzarella würfeln, auf dem Salat mit Essig-Öl-Vinaigrette anrichten und mit Olivenöl und Basilikum würzen.

### ✗ Tunfisch-Tomatensauce

Tunfisch in Pflanzenöl aus der Dose abgießen. Fertiges Tomatensugo oder passierte Tomaten und Tomatenmark mit Gewürzen wie Salz, Knoblauch und Basilikum abschmecken und mit dem Tunfisch vermengen.
Den Salat mit Essig und Öl marinieren und die Tomaten mit Tunfisch darauf anrichten. Mit entkernten und halbierten Kalamata-Oliven oder hart gekochten Eiern garnieren.

## Pastasalat: Farfalle mit sonnengetrockneten Tomaten

### Zutaten für 2 Personen:

150 g Farfalle
100 g sonnengetrocknete Tomaten in Olivenöl
1 Knoblauchzehe, fein gehackt
100 g Mozzarella, gewürfelt
frisches Basilikum, gehackt

### Zubereitung:

Die Farfalle in Salzwasser al dente (bissfest) kochen und abgießen.
Die getrockneten Tomaten in kleine Stücke schneiden, mit dem Olivenöl, Mozzarella, Knoblauch, Salz und den Basilikumblättern vermengen und über die inzwischen abgekühlten Farfalle gießen.

## Griechischer Salat

### Zutaten:

1 Eisbergsalat
Tomaten, würfelig geschnitten
Paprikaschoten, klein geschnitten
Zwiebeln, in Ringe geschnitten
Feta (griechischer Schafskäse), würfelig oder in Scheiben geschnitten
Kalamata-Oliven, entkernt und halbiert
Essig, Olivenöl
Basilikum, Oregano, Thymian

### Zubereitung:

Den Salat zerteilen und waschen.
In einer großen Schüssel den Salat, die Tomaten, die Paprikaschoten und den Feta mit Essig, Olivenöl und den Kräutern marinieren.
Die Zwiebelringe und Oliven darauf legen und mit noch etwas Olivenöl beträufeln.

### Tipp:

Weißbrot dazu servieren.

## Tomatensalat

**Zutaten für 2 Personen:**

1/2 Zwiebel, fein gehackt
4-6 Tomaten
Essig, Olivenöl, Salz
2 TL frisch gehackte Petersilie

**Zubereitung:**

Die Tomaten waschen und in Scheiben oder Spalten schneiden und die gehackte Zwiebel dazugeben.
Mit Essig, Öl und Salz marinieren und mit gehackter Petersilie bestreuen.

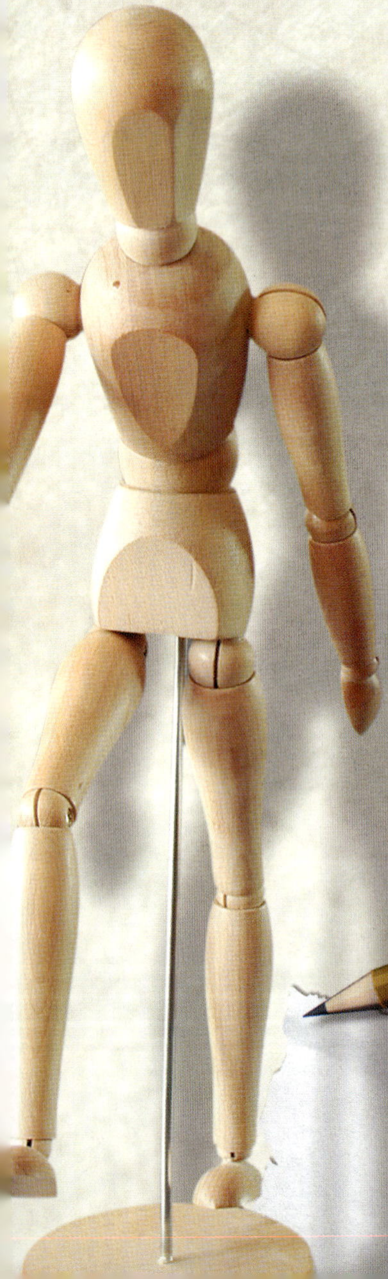

## Gurkensalat oder Zaziki

**Zutaten:**

1 Salatgurke
1 Becher saure Sahne
Salz, etwas Knoblauch
1 TL Dill, fein gehackt, oder Paprikapulver, edelsüß

**Zubereitung:**

Die Salatgurke in feine Scheiben schneiden, salzen und die Sahne unterrühren.
Mit einer Spur Knoblauch und Dill oder Paprika würzen.

## Griechisches Zaziki

Die Gurke raffeln oder in feine Streifen schneiden, salzen und nach etwa 5 Min. den Gurkensaft abgießen.
Die saure Sahne unterziehen und großzügig mit frischem, fein geschnittenem Knoblauch würzen und mit ein wenig Paprikapulver garnieren.

## Möhrensalat

**Zutaten:**

(pro Person ca. 3 Möhren)
Essig, neutrales Öl, etwas Zucker
**Zum Garnieren:**
frisch gehackte Petersilie

**Zubereitung:**

Die Möhren schälen, fein reiben und sofort mit etwas Essig übergießen, damit sie nicht braun werden.
Mit Öl und Zucker abschmecken, eventuell mit frischer Petersilie garnieren.

## Bohnensalat
(ohne Abbildung)

**Zutaten für 2 Personen:**
250 g weiße Bohnen aus der Dose
1/2 Zwiebel
Essig, neutrales Öl
Salz, Pfeffer

**Zubereitung:**
Die Zwiebel sehr fein schneiden.
Die Bohnen abgießen und in einer größeren Schüssel mit der Zwiebel, Essig, Öl, Salz und Pfeffer abschmecken. Kurz durchziehen lassen.

## Maissalat mit American Dressing

**Zutaten für 2 Personen:**
250 g Zuckermais aus der Dose
ca. 2 EL Majonäse
ca. 2 EL Ketschup
Tabasco (scharf!!)

**Zubereitung:**
Den Mais gut abgießen und in einer Schüssel mit Majonäse und Ketschup sowie Tabasco (für alle, die es scharf mögen) vermischen. Fertig!

## Folienkartoffeln

Lecker z. B. an langen Winterabenden, für Freunde können je nach Geschmack verschiedene Saucen kombiniert und ausprobiert werden.

**Zutaten für 4 Personen:**
8 mittlere, weichkochende Kartoffeln
250 g saure Sahne
250 g Jogurt
2 EL frisch gepresster Zitronensaft
Salz, Pfeffer
wahlweise Knoblauch, Kräuter, Schinken, geriebener Parmesan, Kaviar

**Zubereitung:**
Kartoffeln gut waschen.

**Im Topf:**
In einem großen Topf Salzwasser zum Kochen bringen und die Kartoffeln darin etwa 20 Min. kochen.

**Im Backofen:**
Den Ofen 5 Min. auf 200° C vorheizen, die noch feuchten Kartoffeln in gebutterte Alufolie einwickeln und 40 Min. im Ofen garen.

Eine Kartoffel nach abgelaufener Garzeit herausnehmen und mit einer Gabel durch Hineinstechen überprüfen, ob sie schon durch ist.
Die noch heißen Kartoffeln der Länge nach halbieren und mit reichlich Sauce servieren.

**Sauce je nach Geschmack:**
Saure Sahne, Jogurt, Zitronensaft und Salz in einer Schüssel vermengen und

- ✗ frisch gehackten Knoblauch und Kräuter, z. B. Schnittlauch, Petersilie oder Kräutermischung „Kräuter der Provence“, oder
- ✗ 300 g fein geschnittenen Schinken und fein geriebenen Parmesan, frisches Basilikum, oder
- ✗ 50 g Kaviar

zugeben.

## Rührei

**Zutaten:**
(pro Person 2 Eier)
je Ei 1 EL Wasser, Milch oder Sahne
Salz und Pfeffer
1 EL Butter

**Zubereitung:**
Die Eier aufschlagen und z. B. mit Milch verrühren, mit Salz und Pfeffer würzen.
In der Pfanne die Butter zerlaufen lassen, die Eier hineingießen und bei mittlerer Hitze stocken lassen, dabei vorsichtig umrühren.
Das Rührei nicht ganz durchgebraten vom Herd nehmen und sofort servieren.

**Variante:**
✗ Zutaten wie Schinkenwürfel, Krabben, angebratene Zwiebelwürfel mit Blattspinat und etwas Knoblauch, geriebener Käse, frische Kräuter, Tomatenwürfel oder gehackte Sardellenfilets (Achtung: Sardellen sind sehr salzig, daher nicht extra salzen!), der Basismasse beigefügt, machen das Rührei besonders lecker und raffiniert.

## Eiernockerln

**Zutaten für 2-3 Personen:**
250 g Mehl
1/8 l Milch
4 Eier
2 EL Öl
Salz
1 EL Butter
Petersilie, Schnittlauch oder Bärlauch, fein gehackt

**Zubereitung:**

**Nockerln:** Ein Ei in Milch verquirlen und mit dem Mehl mischen.
Das Öl und Salz dazugeben und zu einem glatten Teig rühren.
In einer Kasserolle Salzwasser erhitzen, den Nockerlteig auf ein Schneidebrett geben und mit einem Messer kleine Stücke davon „abschneiden" und ins Wasser fallen lassen. Die Nockerln kochen, bis sie an der Oberfläche schwimmen, abseihen und in der Butter schwenken.

**Eier:** Inzwischen aus den übrigen 3 Eiern in einer Pfanne mit etwas Salz und Pfeffer Rührei braten, mit Petersilie oder Schnittlauch bzw. Bärlauch bestreuen und gemeinsam mit den Nockerln servieren.

**Tipp:**
Mit gebratenen Zucchinischeiben servieren.

## Frikadellen

**Zutaten für 2 Personen:**

400 g mageres Hackfleisch (halb Rind-, halb Schweinefleisch)
1 Brötchen, in Würfel geschnitten und in etwas Milch eingeweicht
2 Eier
3-4 EL ÖL
1 Zwiebel, fein gehackt
Petersilie, Salz, Pfeffer

**Zubereitung:**

Das Fleisch mit den weichen Brötchenwürfeln, den Eiern und den Gewürzen vermengen, wenn nötig, etwas Semmelbrösel unterrühren.
Die Masse in runde, etwa 3 cm dicke Frikadellen formen und im heißen Öl auf beiden Seiten langsam knusprig braten.
Als Beilage eignen sich Kartoffelpüree oder gekochte Kartoffeln mit Petersilie.

**Variante:**

✗ Auf jede Frikadelle 1 Tomatenscheibe, 1 Blatt Basilikum und eine Scheibe Mozzarella legen und im Backofen kurz überbacken.

## Kartoffelrösti

**Zutaten für 2 Personen:**

500 g festkochende Kartoffeln
2 EL Mehl
1 Ei
1 EL saure Sahne
Salz
2 EL Butter oder Öl

**Zubereitung:**

Die rohen Kartoffeln schälen, waschen und fein reiben.

Sofort (damit sie nicht braun werden) mit den anderen Zutaten vermengen.

In der Pfanne das Fett erhitzen, kleine Plätzchen aus der Masse formen und goldgelb backen.

Rösti können als Hauptgang z. B. mit Tomatensauce serviert werden oder sie eignen sich auch als leckere Beilage.

## Baguettes

**Zutaten für 2 Personen:**

1 großes Baguette oder Baguettes zum Fertigbacken
Tomatenmark
Verschiedenstes zum Belegen

**Zubereitung:**

Die Baguettes halbieren, Tomatenmark bestreichen und mit den Zutaten nach Geschmack belegen.
Im Backofen backen, bis z. B. der Käse geschmolzen ist. (Achtung: frische Baguettes brauchen nicht so lange wie Baguettes zum Fertigbacken!)

**Varianten:**

✗ Schinkenstreifen, Mozzarella, Sardellen, Artischocken und Pizzagewürz oder Basilikum
✗ Tomatenwürfel, Schinken, Mozzarella, Pizzagewürz
✗ Schinken, Mais, Pizzakäse, Gewürze
✗ Camembert oder Brie, kleine Apfelwürfel, Pfeffer, (Schinken)
✗ Schinken, Pizzakäse, Ananaswürfel, Gewürze
✗ Knoblauch, Blattspinat, Schafskäse, Kalamata-Oliven, Gewürze

Die besten Variationen ergeben sich nach einem kurzen Blick in den Kühlschrank – Baguettes zum Fertigbacken sollten ja immer zu Hause sein.

## Blätterteig-Schinkenkipferl

**Zutaten:**

1 Packung Blätterteig
200 g fein geschnittener Schinken
100 g geriebener Pizzakäse
Pizzagewürz oder Kräuter wie Oregano und Basilikum
Salz

**Zubereitung:**

Blätterteig ausbreiten und für Kipferl in Dreiecke, für Röllchen in Vierecke schneiden. Mit Schinken und Gewürzen oder zusätzlich Käse füllen und zu Kipferln oder Röllchen formen.
Auf Backpapier auflegen, mit Eigelb bestreichen und im vorgeheizten Backofen bei ca. 160° C etwa 15 Min. knusprig backen.
Die Kipferl heiß oder kalt servieren, für Parties die Röllchen vor dem Backen z. B. noch mit Mohn oder Sesam bestreuen.

## Crêpes

### Basiszutaten für den Teig (ca. 4 Portionen):

200 g Mehl
2 Eier
1/4 l Milch
1/4 l (Mineral-)Wasser
Salz
Butter zum Herausbacken

### Zubereitung:

Mehl, Salz und Eier gut miteinander verrühren und so viel Milch und Wasser dazugeben, dass ein dünnflüssiger Teig entsteht.
In einer großen Pfanne 1 TL Butter erhitzen und nur so viel von dem Teig einfüllen, bis der Pfannenboden bedeckt ist.
Die Crêpes auf beiden Seiten goldbraun backen und im Backofen warm stellen.

## Crêpes mit Camembert-Schnittlauch-Füllung

### Zutaten:

350 g Camembert
1 großer Bund Schnittlauch
Pfeffer
Preiselbeerkonfitüre

### Zubereitung:

Schnittlauch in kleine Röllchen und den Camembert in dünne Scheiben schneiden.
Die Fülle pfeffern, auf den noch warmen Crêpes verteilen und die Crêpes einrollen.
Die Crêpes in der Mikrowelle oder im Backofen erhitzen, bis der Camembert geschmolzen ist.
Je zwei Crêpes mit Preiselbeerkonfitüre servieren.

## Crêpes mit Champignons

### Zutaten:

500 g Champignons
2 Zwiebeln, fein gewürfelt
1 EL Öl
1 EL Mehl
2 Knoblauchzehen, fein gehackt
2 Tomaten
1/8 l Suppe (Brühwürfel auflösen)
1 EL Senf
1 EL Petersilie, fein gehackt
Salz

### Zubereitung:

Die Champignons putzen, in dünne Scheiben schneiden und in einer Pfanne mit Öl, Knoblauch und den Zwiebeln anbraten.
Mehl darüber streuen und noch kurz garen.
Die Tomaten würfeln und mit der Brühe dazugeben und alles drei Minuten weitergaren.
Salz, Senf und Petersilie dazugeben und die Pfanne vom Herd nehmen.
Die Fülle auf den noch warmen Crêpes verteilen und die Crêpes einrollen.

### Tipp:

Mit grünem Salat und/oder Tomatensalat servieren.

## Crêpes mit Hackfleisch und Tomaten

### Zutaten:

1 Zwiebel, fein gewürfelt
3 Tomaten
1 EL Öl
250 g Hackfleisch vom Rind
150 ml heiße Brühe (Suppenwürfel auflösen)
Salz, Pfeffer
1 kleine Dose Mais
(100 g geriebener Gouda oder Pizzakäse)

**Zubereitung:**
Die Tomaten klein würfeln.
Öl in einer Pfanne erhitzen, die Zwiebel und das Hackfleisch darin gut anbraten.
Die Tomaten dazugeben und mitbraten.
Die Brühe mit Salz, Pfeffer sowie den abgetropften Maiskörnern unterrühren und die Fülle noch ca. 5 Min. köcheln lassen.
Die Fülle auf den noch warmen Crêpes verteilen und die Crêpes einrollen.
(Falls noch etwas Zeit bleibt: Die Crêpes mit dem Käse bestreuen und kurz im Backofen überbacken).

BUCHHALTUNG u. BILANZIERUNG

## Schinkenfleckerln

### Zutaten für 1 Person:

100 g Fleckerln (oder andere kleinere Teigwaren)
100 g Schinken, klein geschnitten
2 EL neutrales Pflanzenöl
1 EL Petersilie, fein gehackt
50 g geriebener Käse (Gouda oder Pizzakäse)
1 Zwiebel, klein geschnitten
Salz, Pfeffer

### Zubereitung:

Fleckerln in Salzwasser kernig weich kochen und das Wasser abgießen.
In einer Pfanne das Öl erhitzen, den klein geschnittenen Schinken und die Zwiebel darin anrösten und die Fleckerln dazugeben.
Nach Bedarf mit etwas Fleischbrühe (Instant), Salz und Pfeffer würzen oder 2-3 EL Wasser dazugeben und gut durchmischen.
Mit geriebenem Käse und Petersilie bestreuen.

## Käsespätzle

### Zutaten für 2 Personen:

250 g Mehl
1/8 l Milch
2 Eier
1 EL Öl
Salz, Pfeffer
1 EL Butter
50 g geriebener Käse (Emmentaler, Appenzeller oder Parmesan)
Als Garnitur 1 kleine Zwiebel, in Ringe geschnitten, oder Petersilie

### Zubereitung:

Die Eier in Milch verquirlen und damit aus Mehl, Öl und Salz einen Spätzleteig bereiten.
In einer Kasserolle Salzwasser erhitzen, den Spätzleteig auf ein Schneidebrett geben, mit einem Messer Stücke (so klein wie möglich) davon „abschaben“ und ins Wasser fallen lassen. Die Spätzle kochen, bis sie an der Oberfläche schwimmen, abseihen und in der Butter schwenken.
Den geriebenen Käse dazugeben, mit Salz und Pfeffer abschmecken und mit den in Butter braun gerösteten Zwiebelringen oder Petersilie servieren.

## Pfannentoast

**Zutaten für 1 Person:**
4 Scheiben Toastbrot
etwas Butter
(Zwiebeln), Kräuter
4 Scheiben Toast-Schinken
2 Scheiben Gouda

**Zubereitung:**
Das Toastbrot mit etwas Butter bestreichen, Schinken, (Zwiebeln), Kräuter und Käse drauflegen, mit einer weiteren Scheibe Brot abdecken und in 2 Dreiecke schneiden.
In einer Pfanne Butter erhitzen und die Toastecken langsam bei mittlerer Hitze goldbraun backen, bis der Käse geschmolzen ist.
Mit Ketschup servieren.

## Gebratener Gemüsereis

**Zutaten für 2 Personen:**
200 g gekochter Reis (eventuell vom Vortag)
1 EL Butter
100 g Champignons
1 Bund Frühlingszwiebeln
150 g Brokkoli, Zuckerschoten oder Blumenkohl
1 TL Petersilie, gehackt
Salz, Pfeffer

**Zubereitung:**
Die Champignons vierteln, das Gemüse in gleich große Stücke schneiden und in Salzwasser bissfest kochen.
In einer Pfanne die Butter heiß werden lassen und die Champignons mit Petersilie darin dünsten.
Anschließend das Gemüse und den Reis dazugeben und mit Salz und Pfeffer abschmecken.

## Wiener Schnitzel

**Zutaten für 2 Personen:**

2 Kalbsschnitzel (original) oder 2 Schnitzel vom Schwein
Salz
50 g Mehl
1 Ei
1/2 Zitrone oder Zitronensaft
Paniermehl

**Zubereitung:**

Die Schnitzel klopfen und am Rand etwas einschneiden.
Das Ei verquirlen, Mehl und Paniermehl jeweils auf einen Teller schütten.
Danach die Schnitzel panieren: nacheinander zuerst in Mehl, dann in gesalzenem Ei und zuletzt in Paniermehl wenden.
In eine große Pfanne (ca. 4 cm hoch) erhitzbares Fett (z. B. Kokosfett) geben und die Schnitzel darin schwimmend knusprig backen.
Je eine Scheibe Zitrone oder Zitronensaft schmeckt herrlich frisch dazu.
Tipp: Mit Kartoffelsalat oder Reis und grünem Salat servieren.

## Kartoffelsalat

**Zutaten für 2 Personen:**

250 g festkochende Kartoffeln
1 kleines Stück Suppenwürfel
1 EL Essig
Salz, Pfeffer
1 kleine Zwiebel, fein gehackt
2 EL ÖL
1 EL gehackte Petersilie

**Zubereitung:**

Die Kartoffeln etwa 15 Min. kochen (sie dürfen nicht zu weich werden und zerfallen), schälen und blättrig (ca. 1/2 cm dick) schneiden.
Den Essig, 2 EL Wasser, Suppenwürfel, Öl, Salz und Pfeffer in einer großen Schüssel zu einer pikanten Marinade mischen und die fein gehackte Zwiebel dazugeben.
Die Kartoffeln in die Schüssel geben und vorsichtig mischen, etwa 1/2 Stunde durchziehen lassen und mit Petersilie bestreut servieren.

**Variante:**

✗ Kartoffelsalat mit Majonäse

Den Kartoffelsalat wie oben ohne Wasser und Suppenwürfel bzw. nur mit 1/2 Zwiebel zubereiten und, sobald die Kartoffelscheiben alle Flüssigkeit aufgesogen haben, mit 3 EL Majonäse (50 % Fett) mischen.
Etwa 1/2 Stunde durchziehen lassen und mit Petersilie bestreut servieren.

## Putenschnitzel

**Zutaten für 2 Personen:**

2 Putenschnitzel oder Putenbrust im Ganzen
2 EL Olivenöl
Salz, Pfeffer und Kräuter, wie z. B. Kräuter der Provence oder Thymian, Oregano und Basilikum

**Zubereitung:**

Das Putenfleisch waschen und mit Küchenkrepp abtrocknen.
Bei Putenbrust: Sehnen und weißes Gewebe wegschneiden und dünne Schnitzel herunterschneiden. Dabei am besten mit der flachen Hand das Fleisch fest auf das Schneidebrett drücken.

Die Schnitzel mit Olivenöl, Salz, Pfeffer und den Kräutern marinieren, eventuell ein wenig stehen lassen. (So mit den Kräutern mariniert ist das Fleisch auch perfekt für eine Grill-Party.)
Eine Pfanne heiß werden lassen und die marinierten Schnitzel zuerst scharf anbraten, später auf kleiner Flamme etwa 10 Min. dünsten.

**Tipp:**
Schmeckt fein mit Reis und grünem Salat.

**Varianten:**
✗ Putenschnitzel paniert mit Mehl und Ei.
Schnitzel salzen, pfeffern und nacheinander in Mehl und verquirltem Ei wenden und im heißen Fett (Kokosfett) herausbacken.
✗ Putenschnitzel mit Cornflakes.
Putenschnitzel salzen, pfeffern und nacheinander in Mehl, verquirltem Ei und zerdrückten Cornflakes wenden. Im heißen Pflanzenfett schwimmend herausbacken. Nicht nur wenn kein Paniermehl im Haus ist, schmecken die Schnitzel mit den Flakes unheimlich knusprig.

## Putengeschnetzeltes

**Zutaten für 2 Personen:**
250 g Putenbrust
1 EL Butter
1 TL Mehl
Kräutermischung „Kräuter der Provence“
oder frische Kräuter
1 Becher saure Sahne oder Crème fraîche
Salz

**Zubereitung:**
Die Putenbrust waschen, die Sehnen entfernen, das Fleisch salzen und in kleine Stücke schneiden.
Die Butter in einer Pfanne heiß werden lassen und das Fleisch scharf anbraten.
Das Mehl darüber streuen und ebenfalls etwas bräunen lassen.
Die Hitze verringern, die Crème fraîche unterrühren und das Geschnetzelte mit den Kräutern würzen.
Noch etwa 5 Min. leicht köcheln lassen.

**Tipp:**
Mit Reis und Salat bzw. gedünstetem Brokkoli servieren.

## Schweineschnitzel in Champignonsauce

**Zutaten für 2 Personen:**
2 Schweineschnitzel
2 EL Mehl
2 EL Pflanzenöl
1 EL Butter
1 kleine Zwiebel
180 g Champignons, geputzt und geviertelt
1/16 l süße Sahne
1 EL gehackte Kräuter
Salz, Pfeffer

**Zubereitung:**
Schnitzel klopfen, in Mehl wenden, in Pflanzenöl beidseitig rasch anbraten und beiseite stellen. Die Zwiebel fein hacken und in der Pfanne mit den geviertelten Champignons in Butter kurz anrösten. Die Sahne dazugeben, eventuell mit 1/2 Suppenwürfel würzen und etwas einkochen lassen.
Das Fleisch zu den Champignons geben, nochmals erhitzen und mit Salz, Pfeffer und Kräutern abschmecken.

**Tipp:**
✗ Mit Kartoffelpüree servieren.
✗ Die Champignonsauce schmeckt z. B. mit Petersilie auch ohne Fleisch lecker zu gekochtem Reis.

## Blumenkohlfrikadellen

**Zutaten für 4 Personen:**
1 großer Blumenkohl
1 1/2 Becher saure Sahne (400 g)
Paniermehl
2 Eier (nur das Eigelb)
100 g fertig geriebener Parmesan
Salz, Pfeffer
Pflanzenöl

**Zubereitung:**
Den Blumenkohl weich kochen und mit einer Gabel zerdrücken.
In einer Schüssel Blumenkohl, 2 Eigelb, die saure Sahne und den Parmesan vermengen. Paniermehl nach Bedarf beigeben, salzen und pfeffern.
Die Masse zu Frikadellen formen und nochmals in Paniermehl wenden.
In einer Pfanne das Öl erhitzen und die Frikadellen darin knusprig braten.

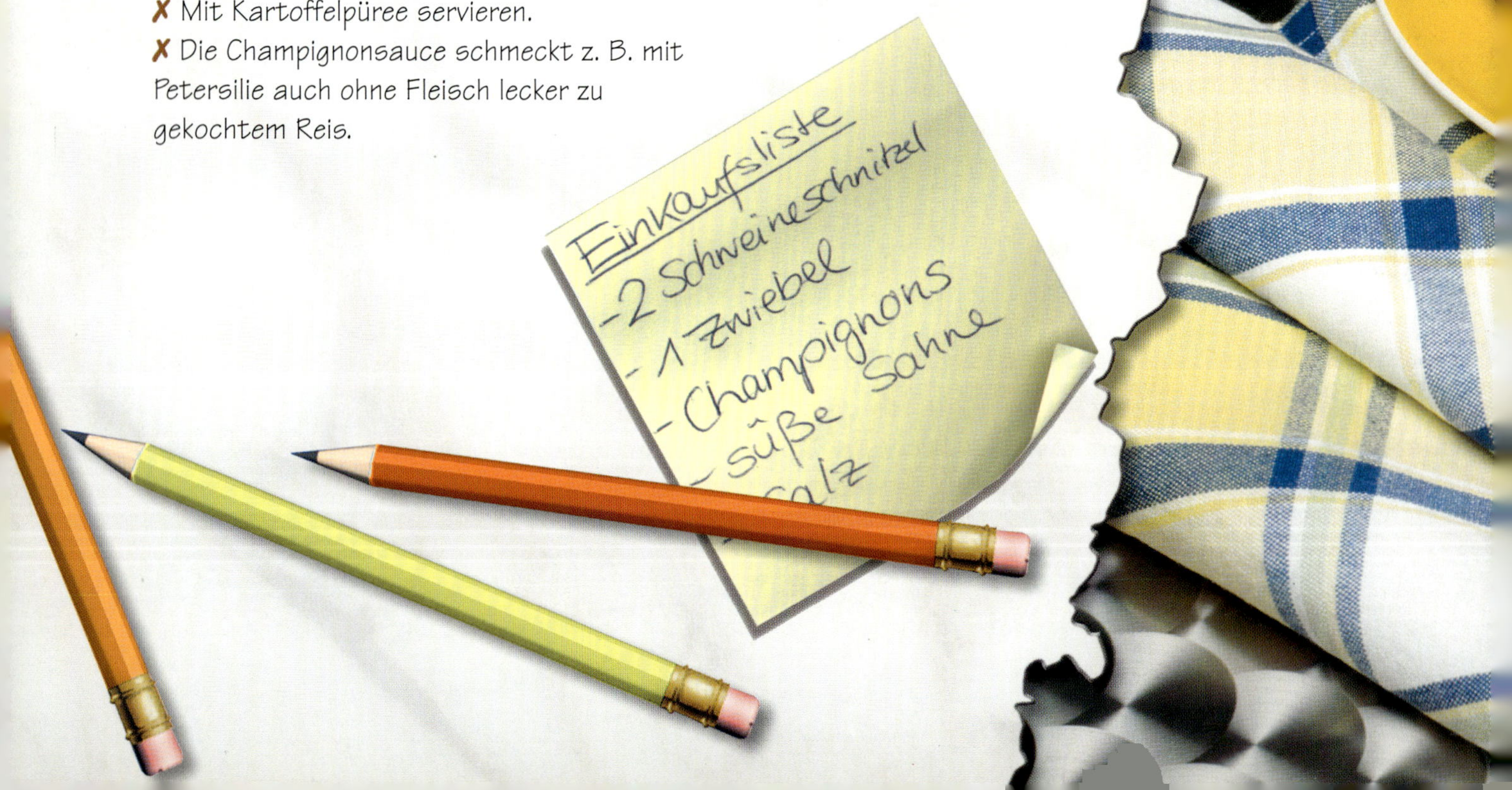

**Tipp:**

- ✗ Mit Tomatensalat und Parmesan servieren.
- ✗ Gemüsefrikadellen können gut im Kühlschrank aufbewahrt werden und z. B. für leckere Veggie-Burger verwendet werden.

**Varianten:**

- ✗ Der Blumenkohl kann auch durch Brokkoli ersetzt oder mit Brokkoli gemischt werden. Gemüse wie Tiefkühlerbsen oder Möhren können ebenfalls der Masse beigemischt werden.

Samstag um 16.00 Uhr
Grillen bei Harry

## Grillspieße

**Zutaten für 2 Personen:**

250 g Puten-, Hühner-, Rind- oder Schweinefleisch, in Würfel geschnitten (ca. 2x3 cm)
80 g Speck, aufgeschnitten
(Perl-)Zwiebeln
frische Paprikaschoten (verschiedene Farben)
3 EL Öl
Salz, Pfeffer, eventuell Grillgewürz
Metall- oder Holzspieße

**Zubereitung:**

Zwiebeln, Paprikaschoten und Speck in kleine Stücke schneiden.
Alle Zutaten je nach Geschmack abwechselnd auf die Spieße stecken.
Öl, Salz, Pfeffer und Grillgewürz vermischen und die Spieße damit bestreichen.
In der Pfanne wenig Öl heiß werden lassen und die Spieße von allen Seiten gut durchbraten.
Als Beilage eignen sich z. B. grüner Salat oder Tomatensalat.

**Tipp:**

Die Spieße kann man in größeren Mengen vorbereiten und noch roh einfrieren.

## Pasta

Pasta hat von Italien aus weltweit die Küchen erobert und ist das wohl beliebteste Fastfood aus der eigenen Küche.
Dafür gibt es gute Gründe: Pasta ist einfach und schnell zuzubereiten und verblüffend vielfältig. Hier findest du Rezepte, mit denen aus einfachen Zutaten in kürzester Zeit raffinierte und zugleich preiswerte Gerichte entstehen.
Welche Form der Pasta gewählt wird, hängt stark von der Herkunft und Tradition des Rezeptes ab. Als einfache Regel genügt hier: Manche Pastaformen und Saucen passen ideal zusammen. So nehmen Röhrenpasta wie z. B. Penne dickere Saucen gut auf, während lange, schlanke Pastaformen, z. B. Spagetti oder Tagliatelle, mit dünnen, glatten Saucen besser harmonieren. Bei jedem Rezept ist eine Pastasorte als Vorschlag angegeben, fantasievolle Variationen machen aber mehr Spaß!
Zubereitung: Pro Person sollte man etwa (je nach Hunger) 100-150 g trockene Pasta wählen. In einer sehr großen Kasserolle Wasser zum Kochen bringen, Salz, etwas Olivenöl (damit die Pasta nicht verklebt) und die Pasta hineingeben. Die Kochzeit ist in der Regel auf der Packung angegeben, sonst sollte man nach etwa 8 Minuten das erste Mal kosten.
Die Pasta wird in Italien „al dente", also außen weich, innen aber noch bissfest, serviert.
Frisch geriebener Parmesan schmeckt zu jeder Pasta lecker, geriebenen Parmesan aus der Packung nur in Notfällen verwenden!
Nach dem Abgießen die Pasta sofort mit etwas Butter oder Öl in eine angewärmte Schüssel, den Kochtopf oder gleich in die fertige Sauce geben.

## Spagetti Aglio e Olio

**Zutaten für 2 Personen:**
200-250 g Pasta
Salz
3 EL Olivenöl
2 fein gehackte Knoblauchzehen
3 EL frische Petersilie (glatt), gehackt
Parmesan

**Zubereitung:**
Die Pasta in einem großen Topf mit sprudelndem Salzwasser al dente kochen, abgießen und im Topf warm halten.
In der Kasserolle das Öl erhitzen, den Knoblauch darin goldgelb rösten und die Petersilie dazugeben.
Das Knoblauchöl salzen, über die Spagetti gießen und gut vermengen.
Mit geriebenem Parmesan servieren.

## Pasta Alfredo

**Zutaten für 2 Personen:**
200-250 g Pasta
Salz
30 g Butter
150 ml süße Sahne
2 EL frische Petersilie, gehackt
Pfeffer
60 g frisch geriebener Parmesan

**Zubereitung:**
Die Pasta in einem großen Topf mit sprudelndem Salzwasser al dente kochen, abgießen und im Topf warm halten.
Gleichzeitig die Butter bei kleiner Hitze in einer Pfanne zerlassen, Parmesan und Sahne einrühren und die Sauce etwas eindicken lassen.
Die Petersilie zugeben, mit Salz und Pfeffer abschmecken und gut verrühren.
Mit geriebenem Parmesan servieren.

## Spagetti alla Bolognese

Für Fortgeschrittene. Braucht Zeit!

### Zutaten für 2 Personen:

200-250 g Spagetti
50 g Frühstücksspeck, klein gewürfelt
1 Zwiebel, fein gehackt
1 Knoblauchzehe, fein gehackt
1 Möhre, klein geschnitten
300 g Hackfleisch vom Rind
1/8 l Rotwein
1 Dose geschälte Tomaten
Salz, Pfeffer, Kräuter der Provence
geriebener Parmesan

### Zubereitung:

Die Tomaten aus der Dose in eine Schüssel gießen und zerkleinern.
Den Speck in einer Pfanne anrösten und die Zwiebel, Möhre und Knoblauch dazugeben.
Das Hackfleisch mit „Kräutern der Provence" beigeben, kurz scharf durchrösten und mit Rotwein aufgießen.
Leicht unter ständigem Rühren einkochen, Tomaten hinzufügen und mit Salz und Pfeffer abschmecken.
Ca. 30 Min. köcheln lassen, eventuell einen Suppenwürfel beigeben.
Die Pasta etwa 12 Minuten vor dem Fertigwerden der Hackfleischsauce in einem großen Topf mit sprudelndem Salzwasser al dente kochen und abgießen.
Mit frisch geriebenem Parmesan servieren.

## Fettuccine alla Carbonara

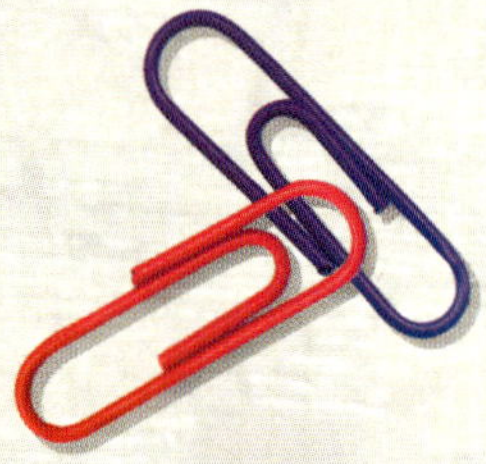

### Zutaten für 2 Personen:

4 Scheiben Frühstücksspeck
200-250 g Pasta
2 Eier
160 ml Sahne
25 g frisch geriebener Parmesan
Salz, Pfeffer
geriebener Parmesan zum Bestreuen

### Zubereitung:

Die Pasta in einem großen Topf mit sprudelndem Salzwasser al dente kochen, abgießen und im Topf warm halten.
In der Zwischenzeit den Speck in dünne Streifen schneiden und in der Pfanne knusprig braten,

auf Küchenkrepp abtropfen lassen.
Die Eier, den Parmesan und die Sahne in einer Schüssel gut verrühren.
Den Speck unterrühren und über die heiße Pasta geben.
Noch etwa 1-2 Min. erwärmen und mit schwarzem Pfeffer würzen.
Mit geriebenem Parmesan servieren.

## Tagliatelle mit Parmesansauce

Dieses Gericht lässt sich aus einfachsten Zutaten schnell und leicht zubereiten, es gelingt immer und ist ein heißer Tipp, wenn es einmal schnell gehen muss und trotzdem etwas Feines auf dem Teller sein soll.

**Zutaten für 2-3 Personen:**

250-350 g Spinat-Tagliatelle
250 g saure Sahne
200 g frisch geriebener Parmesan
Kräuter der Provence, Salz, etwas Knoblauch
(50 g Schinken)

**Zubereitung:**

Die Pasta in einem großen Topf mit sprudelndem Salzwasser al dente kochen, abgießen und im Topf warm halten.
3 Minuten bevor die Pasta fertig ist, die saure Sahne, den Parmesan und die Gewürze in einer Pfanne vermengen und erwärmen. Die Sauce über die heiße Pasta gießen.

**Tipp:**

Schinkenstreifen anbraten und darüber streuen.

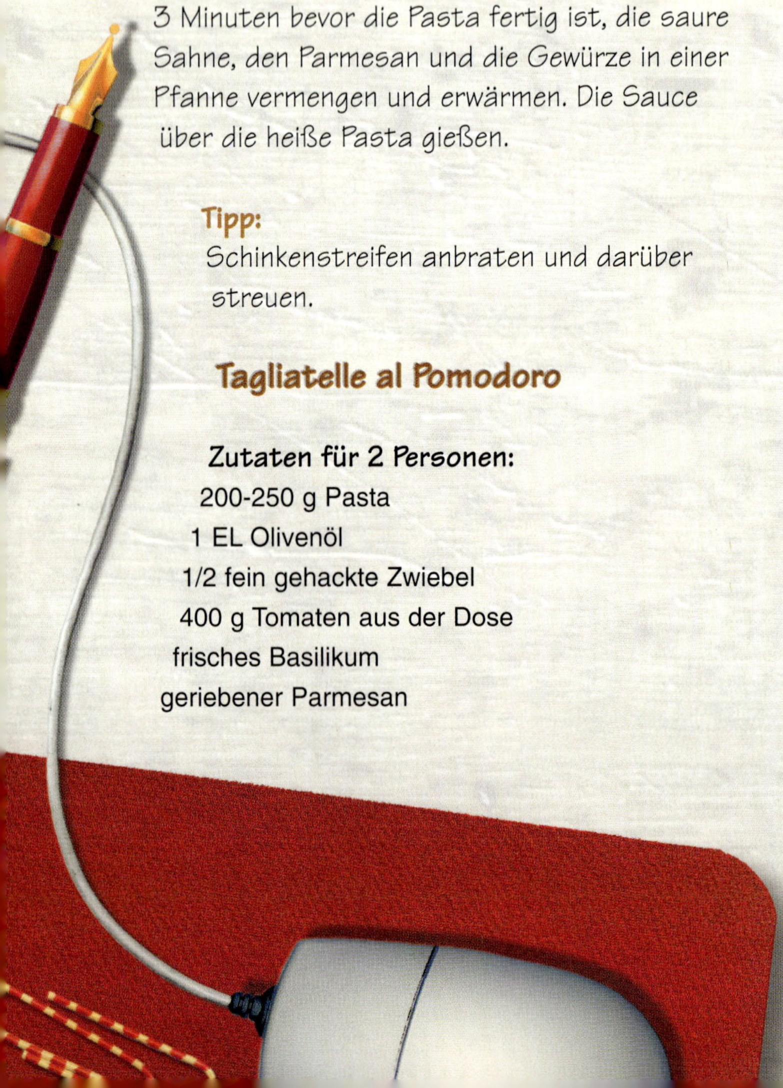

## Tagliatelle al Pomodoro

**Zutaten für 2 Personen:**

200-250 g Pasta
1 EL Olivenöl
1/2 fein gehackte Zwiebel
400 g Tomaten aus der Dose
frisches Basilikum
geriebener Parmesan

**Zubereitung:**

Die Pasta in einem großen Topf mit sprudelndem Salzwasser al dente kochen, abgießen und im Topf warm halten.
In der Zwischenzeit die Tomaten abgießen und zerkleinern.
Das Öl in einer Pfanne erhitzen und die Zwiebel darin weich dünsten.
Tomaten beigeben und 5-6 Min. köcheln lassen, bis die Sauce etwas dicker wird.
Kurz vor dem Servieren mit Salz, Pfeffer und Basilikum abschmecken und noch 1 Min. durchziehen lassen.
Mit geriebenem Parmesan servieren.

**Saucen-Varianten:**

### ✗ mit Broccoli

150 g gekochte, kleine Broccoli-Röschen in die Parmesansauce geben.

### ✗ mit Räucherlachs

100 g Räucherlachs klein schneiden.
250 g saure Sahne zusammen mit 100 g fertig geriebenem Parmesan (macht die Sauce cremiger) und den Gewürzen in einer Pfanne erwärmen.
Den Räucherlachs erst kurz vor dem Servieren beigeben.

### X mit Räucherlachs und Blattspinat

100 g Räucherlachs klein schneiden.
50 g Tiefkühl-Blattspinat auftauen und klein schneiden.
250 g saure Sahne zusammen mit dem Blattspinat, 100 g fertig geriebenem Parmesan (macht die Sauce cremiger) und den Gewürzen (etwas mehr Knoblauch!) in einer Pfanne erwärmen.
Den Räucherlachs erst kurz vor dem Servieren beigeben.

## Lasagne

Für Fortgeschrittene und eine große Ofenform. Braucht Zeit!

**Zutaten für 4 Personen:**

2 Packungen Lasagneblätter
100 g geriebener Parmesan oder Pizzakäse

**für die Hackfleischsauce:**

400 g Hackfleisch vom Rind
1 große Zwiebel
2 EL Olivenöl
1 Dose geschälte Tomaten, würfelig geschnitten
3 EL Tomatenmark
Gewürzmischung „Kräuter der Provence“
Salz, Pfeffer

Die Zwiebel fein schneiden und in einer Pfanne mit Olivenöl leicht anbraten. Das Hackfleisch mit „Kräutern der Provence“ dazugeben, kurz scharf durchrösten, salzen, pfeffern und mit den Tomaten aufgießen, das Tomatenmark unterrühren. 20 Min. köcheln lassen.

**für die Béchamel-Sauce:**

40 g Butter
40 g Mehl
1/2 l Milch
100 g fertig geriebener Parmesan (macht die Sauce glatter)
eine Prise geriebene Muskatnuss
Salz, Pfeffer

Das Mehl in einer Kasserolle mit Butter leicht anrösten (dabei nicht braun werden lassen!) und mit der Milch (vermengt mit Parmesan) aufgießen.
Die Sauce gut mit dem Schneebesen durchrühren, bis sie glatt ist, und dann mit Salz, Pfeffer und Muskat würzen.

**Zubereitung in der feuerfesten Form:**

Die Zutaten werden abwechselnd in die Form geschichtet. Die Saucen großzügig verteilen, die Pasta braucht viel Flüssigkeit.

1. dünne Schicht Hackfleisch- und Béchamelsauce
2. Lasagneblätter
3. Hackfleischsauce und geriebener Parmesan
4. Lasagneblätter
5. Béchamelsauce, und so weiter.

Den Abschluss bilden eine Schicht Lasagneblätter und viel geriebener Käse.
Den Backofen auf 180° C vorheizen und die Lasagne in etwa 35-40 Min. goldbraun backen.

**Variante:**

✗ Lachs-Blattspinat-Lasagne:
Statt der Hackfleischsauce: Blattspinat, geröstete Zwiebeln, Knoblauch und Lachswürfel mit etwas mehr Béchamelsauce und Lasagneblättern schichten.

## Risotto

Risotto ist ein norditalienisches Reisgericht, das mit Zutaten wie Meeresfrüchten, Hühnerfleisch, Pilzen, Safran, Spargel oder verschiedenstem Gemüse serviert wird. Das Wichtigste beim italienischen Risotto ist die Reiszubereitung.

**Tipp:**
Natürlich kann man auch Reis vom Vortag aus dem Kühlschrank verwenden und mit den gewünschten Zutaten und etwas Butter in der heißen Pfanne vermengen. Spart eine Menge Zeit!

## Safran-Risotto (Risotto alla Milanese)

als Basisgericht

**Zutaten für 1 Person:**
100 g Risottoreis
1 TL fein gehackte Zwiebeln
1/16 l Weißwein
250 ml Gemüsebrühe, erhitzt
50 g geriebener Parmesan
1 EL Butter
Safran, Pfeffer, Salz

**Die Reiszubereitung:**
Am besten eignet sich echter Risottoreis (italienischer Rundkornreis).
Zuerst die fein gehackten Zwiebeln in 1/2 EL Butter langsam anschwitzen, dann den ungewaschenen Reis dazugeben und ebenfalls glasig anschwitzen.
Mit etwas Weißwein ablöschen, Safran beifügen und durchrühren.
Sobald der Wein verdampft ist, die heiße Brühe nach und nach unter ständigem Rühren beigeben (der Reis darf dabei nicht abkühlen) und in etwa 15-20 Min. bissfest köcheln.
Mit Salz und Pfeffer abschmecken.
Parmesan und restliche Butter einrühren, noch 1 Min. zugedeckt durchziehen lassen und mit geriebenem Parmesan servieren.

## Spargel-Risotto

**Weitere Zutaten für 2 Personen:**
250 g grüner Spargel
2 EL gehackte Petersilie

**Zubereitung:**
Grünen Spargel schälen, in kleine Stücke schneiden und in Salzwasser bissfest kochen. Den Reis wie oben beschrieben ohne Safran (!) zubereiten. Gegen Ende der Garzeit die Spargelstücke, Petersilie und wiederum Butter und Parmesan in das Risotto einrühren, mit Salz und Pfeffer abschmecken, noch 1 Min. zugedeckt durchziehen lassen und mit geriebenem Parmesan servieren.

## Pilz-Risotto

**Weitere Zutaten für 2 Personen:**
250 g frische Champignons
1 EL gehackte Petersilie

**Zubereitung:**
Die Champignons putzen, vierteln, salzen, pfeffern und in Butter ca. 2 Min. anschwitzen. Den Reis wie vorher beschrieben ohne Safran (!) zubereiten. Gegen Ende der Garzeit die Champignons, Petersilie und wiederum Butter und Parmesan in das Risotto einrühren, evtl. nachwürzen, noch 1 Min. zugedeckt durchziehen lassen und mit geriebenem Parmesan servieren.

## Hühner-Risotto

**Weitere Zutaten für 2 Personen:**
4 EL Tiefkühlmöhren mit Erbsen
200 g Hühnerfleisch, in Würfel (ca. 1x1 cm) geschnitten
1 EL gehackte Petersilie

**Zubereitung:**
Das Hühnerfleisch in etwas Butter rasch anrösten und das Tiefkühlgemüse laut Anleitung auf der Packung zubereiten. Den Reis wie vorher beschrieben ohne Safran (!) zubereiten. Gegen Ende der Garzeit Hühnerfleisch, Gemüse, Petersilie und wiederum Butter und Parmesan in das Risotto einrühren, mit Salz und Pfeffer abschmecken, noch 1 Min. zugedeckt durchziehen lassen und mit geriebenem Parmesan servieren.

## Chili con Carne (Mexiko)

**Zutaten für 2-3 Personen:**

150 g Hackfleisch vom Rind
2 EL Pflanzenöl
1 kleine Dose rote Bohnen
1 Dose Zuckermais
1 EL Petersilie, gehackt
1 Packung Würzmischung für Chili con Carne

**Zubereitung:**

Mais und Bohnen aus der Dose gut abtropfen lassen.
In einer heißen Pfanne mit Öl das Hackfleisch gut anbraten und die Würzmischung für Chili con Carne mit etwas Wasser (Menge laut Anleitung auf der Packung) einrühren.
Bohnen und Mais untermischen und ca. 10 Minuten köcheln lassen, öfter umrühren.

**Tipp:**

Chili mit etwas saurer Sahne verfeinern und Baguette oder Tortillachips und dazu Guacamole servieren.
Und für die, die es besonders scharf mögen: mit Chilischoten oder Tabasco verschärfen.

## Chickenwings (USA)

**Zutaten für 2 Personen:**

10 Hähnchenflügel
Pflanzenöl zum Backen
Salz
6 EL Butter
Tabascosauce (nach Geschmack)
1 EL Essig

**Zubereitung:**

Die Hähnchenflügel mit einem scharfen Messer am Gelenk durchtrennen.
Pflanzenöl etwa 5 cm hoch in einer tiefen Pfanne erhitzen und nach und nach die Hähnchenflügel knusprig braten. Das Öl sollte zwar sehr heiß sein, darf aber nicht rauchen. Die Chickenwings auf Küchenkrepp abtropfen lassen und salzen.

Die Butter in einer kleinen Kasserolle langsam schmelzen, Tabascosauce je nach Geschmack sowie den Essig einrühren und sofort über die Chickenwings gießen.
Mit Reis und Gemüse mit Dipsaucen (siehe Snacks) servieren.

## Sushi (Japan)

Sushi ist die beliebteste Speise der Japaner und hat sich auch bei uns als In-Gericht entwickelt. Sushi-Bars sind für Japaner so wichtig wie die Pubs in Irland. Der beste Platz für Sushi-Liebhaber ist dort der Sessel an der Bar vor dem Arbeitsplatz des Sushi-Meisters. „Sushi" sind aber nicht nur die den Sushi-Meistern vorbehaltenen, kunstvoll gerollten und garnierten Maki, sondern „Sushi" ist der Oberbegriff für alle Gerichte mit „Sushi-Reis". Sushi-Reis ist ein Rundkornreis, der mit einer Mischung aus einem asiatischen, milden Essig, Salz und Zucker gewürzt ist. Der Reis wird mit Fisch oder Gemüse und Nori (Algen) zu Makis oder Temakis (Tüten) gerollt oder in einer Schüssel angerichtet.

Mit ein wenig Fantasie, Geschicklichkeit und Geduld kann man also Sushi leicht selbst „kochen" oder alle Zutaten vorbereiten und dann bei einem Essen mit Freunden Sushi gemeinsam rollen, formen oder belegen.

**Zutaten:**

Sushi-Reis (Rundkornreis)
Essig-Salz-Zuckermischung in Pulverform zum Würzen des Reises, erhältlich in Asia-Shops. Der Reis bleibt dann schön klebrig.
Nori (Algen) werden zum Umwickeln oder zur Dekoration verwendet.
Gari, fein gehobelte und marinierte Ingwerstreifen, kauft man zum Probieren zunächst besser in kleineren Mengen. Sie schmecken für den westlichen Geschmack eher ungewöhnlich.
Goma, gerösteter Sesam zum Garnieren
Wasabi, die grüne Rettich-Paste als Würze
dunkle Sojasauce zum Würzen des Fisches bei Tisch
frischer Fisch (roh oder gekocht), z. B. Lachs oder Tunfisch
Gemüse, z. B. Möhren, Gurken oder Avocados.

**Zubereitung:**

Reis. Das Wichtigste bei Sushi ist die richtige Reis Zubereitung.
Der Reis sollte 3 x gewaschen werden und dann für etwa 60 Minuten rasten und trocknen.
In eine Kasserolle mit gut schließendem Deckel pro Tasse Reis 1,25 Tassen Wasser geben und bei mittlerer Hitze zum Kochen bringen.
2 Min. bei hoher Hitze, 5 Min. wiederum bei mittlerer Hitze und 15 Min. bei kleiner Flamme köcheln lassen, bis alles Wasser aufgesogen ist.
Danach den Reis 10 Minuten mit einem Küchentuch zugedeckt rasten lassen und anschließend in eine Schüssel füllen.
Den Reis jetzt mit der fertigen Essig-Mischung in Pulverform würzen und zugedeckt stehen lassen.
Wichtig ist, dass der Reis noch warm weiterverarbeitet wird, da er nur so seine Form behält.
Die Zutaten wie Fisch oder Gemüse können in der Zwischenzeit klein geschnitten werden (Stäbchen für Temaki-Sushi oder ca. 3 mm dicke Scheiben für Nigiri- oder Chirashi-Sushi).
Für Sushi-Anfänger eignet sich Temaki-, Nigiri- oder Chirashi-Sushi.

## Temaki-Sushi

Sushi-Reis mit den Zutaten je nach Geschmack in eine Tüte aus Nori (Algen) rollen.

## Nigiri-Sushi

Sushi-Reis in einer Schüssel anrichten und mit Gemüse und rohem, in feine Scheiben geschnittenem Fischfilet belegen.

**Chirashi-Sushi:**

Aus dem heißen Sushi-Reis feste Würfel formen und darauf feine Scheiben aus rohem Fischfilet legen.

**Tipp:**

Mit Wasabi und Sojasauce oder geröstetem Sesam servieren.

## Thai Coconut Chicken (Thailand)

**Zutaten für 4 Personen:**

1 TL Currypulver
500 g Hähnchenbrustfilet, in Würfel geschnitten
etwas Pflanzenöl
200 g in Scheiben geschnittener (grüner) Spargel
100 g Erbsen (tiefgekühlt)
50 g klein geschnittene Karotten
50 g fein geschnittene Frühlingszwiebeln
1 Dose Kokosnussmilch
400 g Jasminreis
Salz

**Zubereitung:**

Den Jasminreis in Salzwasser weich dämpfen.
Das Hähnchenfleisch mit dem Curry würzen und in einer Pfanne mit heißem Pflanzenöl etwa 5 Min. gut anbraten.
Das klein geschnittene Gemüse hinzufügen und nach etwa 3 Min. die Kokosnussmilch dazugeben und noch weitere 3 Min. kochen (das Gemüse sollte knackig bleiben!).
Mit dem heißen, gekochten Reis servieren.

## Gebratene Bananen mit Honig (Asien)

**Zutaten für 1 Person:**

1 Banane
Honig
etwas Pflanzenöl

**Zubereitung:**

In einer Pfanne das Öl erhitzen und die geschälten Bananen kurz anbraten.
Mit flüssigem Honig übergießen und noch heiß servieren.

## Caipirinha

**Zutaten für 1 Drink:**

2 Limetten
6 cl Cachaca (Rum)
1 EL Zucker, am besten brauner Rohrzucker
5 Eiswürfel

**Zubereitung:**

Die Limetten zuerst halbieren und dann jede Hälfte in 4 Spalten schneiden.
Im Glas die Limettenspalten, den Zucker und den Rum vermischen und z. B. mit einem Löffel gut ausdrücken.
Das Glas mit den Eiswürfeln auffüllen und nochmals gut verrühren.

## Piña Colada

**Zutaten für 1 Cocktail:**

4 cl Cream of Coconut oder Kokossirup
10 cl Ananassaft
6 cl weißer Rum
7 Eiswürfel oder crushed ice

**Zubereitung:**

Die Eiswürfel in ein frisches Geschirrtuch geben, z. B. mit einem Hammer zerschlagen und in ein Cocktailglas geben.
Cream of Coconut, Ananassaft und Rum beimischen und mit einem Löffel gut verrühren.
Als Garnitur: z. B. 1 Stück frische Ananas und 1 Cocktailkirsche

**Variante:**

### ✗ Virgin Piña

Einfach den Rum weglassen und 2 cl Sahne extra dazugeben.

## X Strawberry Daiquiri

**Zutaten für 1 Drink:**

3-5 frische Erdbeeren, wenn ein Pürierstab im Haus ist, sonst 5 EL gefrorenes Erdbeermark
1 cl Erdbeersirup oder Erdbeerlikör
1 TL Zucker
3 cl Zitronen- oder Limettensaft
5 cl weißer Rum
5 Eiswürfel

**Zubereitung:**

Die frischen Erdbeeren zusammen mit dem Likör, Zucker, Zitronensaft und Rum pürieren oder das Erdbeermark mit den Zutaten verrühren.
Eiswürfel dazugeben, um den Drink zu kühlen, ohne Eiswürfel in ein Glas gießen und z. B. mit einer frischen Erdbeere garnieren.

## Sommer-Erdbeer-Bowle

Zum Mitnehmen auf eine Party oder fürs eigene Sommerfest im Garten, eine Bowle ist da immer richtig!

**Zutaten für 4 Personen:**

750 g frische Erdbeeren
2 EL Zucker
4 cl Wodka (kann auch mal mehr sein)
750 ml Sekt

**Zubereitung:**

Die Erdbeeren in kleine Würfel schneiden und im Bowlengefäß (steht idealerweise kalt, z. B. auf Eis) mit Zucker und Wodka für etwa 1 Stunde marinieren und danach mit kaltem Sekt aufgießen.

**Varianten:**

### ✗ Beeren-Bowle

Erdbeeren, Brombeeren, Himbeeren und Heidelbeeren werden wie oben angesetzt.

### ✗ Erdbeer-Ananas-Bowle

aus 500 g Erdbeeren und 1/2 Ananas.

### ✗ Leichte Sommerbowle

1000 g klein geschnittene Erdbeeren mit Zucker in 0,7 l trockenem Weißwein (statt Wodka) ansetzen und mit 0,7 l kaltem Sekt aufgießen.

## Palatschinken (Eierkuchen)

**Zutaten für 4 Personen:**

200 g Mehl
2 Eier
ca. 1/2 l Milch
Butter, Salz

**Zubereitung:**

Das Mehl mit der Milch und den Eiern zu einem glatten Teig verrühren und salzen. Ideal: den Teig 30 Min. ruhen lassen.
In einer Pfanne wenig Butter sehr heiß werden lassen und jeweils so viel Teig hineingießen, dass der gesamte Pfannenboden gleichmäßig mit einer dünnen Schicht bedeckt ist. Die Pfanne dabei schwenken.
Am Rand eventuell noch etwas Butter zufließen lassen und die Palatschinken auf beiden Seiten goldbraun backen.
Im vorgeheizten Backofen warm stellen oder sofort knusprig servieren.

**Fülle-Varianten:**

✗ **Aprikosenkonfitüre (klassisches Wiener Rezept)**

Knusprige Palatschinken mit Aprikosenkonfitüre füllen und der Länge nach einrollen, mit Puderzucker bestreuen.

### ✗ Sommerfrüchte

Erdbeeren, Blaubeeren oder Aprikosen waschen und zerkleinern und kurz mit etwas Vanillezucker erhitzen. Heiß servieren.

### ✗ Eispalatschinken

Jede Palatschinke mit einer Kugel Vanilleeis füllen und mit Schokosauce garnieren.

### ✗ Zimt, Zucker und Zitronenschale (die schnelle Variante)

Palatschinke einfach mit Zimt, Zucker und etwas abgeriebener Zitronenschale bestreuen und einrollen. Fertig!

### ✗ Überbackene Quarkpalatschinken

**Zutaten:**

**für die Fülle:**
50 g Rosinen
1 EL Rum
250 g Quark (20 % Fett)
30 g weiche Butter
80 g Zucker
abgeriebene Schale von 1/2 unbehandelten Zitrone
2 Eier (Eigelb und Eiweiße trennen und die Eiweiße zu Schnee schlagen)

**zum Übergießen:**
1 Ei
1/8 l Milch
1/2 Päckchen Vanillezucker, Zucker
Puderzucker

**Zubereitung:**

Die Rosinen heiß waschen und mit dem Rum beträufeln.
Die Butter mit dem Zucker, der Zitronenschale und den Eigelb schaumig rühren.
Den Quark und die Rosinen untermischen und den Eischnee vorsichtig unterheben.
Den Backofen auf 200° C vorheizen und eine Auflaufform mit Butter ausstreichen.
Die Palatschinken bleistiftdick mit der Quarkmasse bestreichen, einrollen, halbieren und aufrecht in die Auflaufform setzen.
Das Ei mit der Milch, dem Vanillezucker und evtl. noch etwas Zucker verquirlen und über die Palatschinken gießen.
Im Backofen bei 180° C etwa 20 Min. goldgelb backen, mit Puderzucker bestreuen und sofort servieren.

## Kaiserschmarren mit Pflaumenkompott

**Zutaten für 2 Personen:**

150 g Mehl
3 Eier
30 g Zucker
Salz, Milch nach Bedarf
Butter
Rosinen
Puderzucker
Pflaumenkompott aus dem Glas

**Zubereitung:**

Die drei Eier aufschlagen, Eigelb und Eiweiß trennen und aus den Eiweißen Eischnee schlagen.
Die Eigelb mit Mehl, Zucker, Salz, Rosinen und der nötigen Menge Milch zu einem dickflüssigen Teig verquirlen und den Eischnee vorsichtig unterziehen.
In einer Pfanne etwas Butter erhitzen, den Teig jeweils fingerdick hineingeben und auf beiden Seiten gut backen.
Die Pfannkuchen mit zwei Gabeln in kleine Stücke zerteilen, und im Backofen warm stellen.
Mit Puderzucker bestreuen und heiß mit Pflaumenkompott servieren.

## Quark-Creme

**Zutaten für 4 Personen:**

2 Eigelb
750 g Quark (20 % Fett)
1 Päckchen Vanillezucker
Zucker

**Zubereitung:**

Den Quark mit den Eigelb und Vanillezucker schaumig rühren, mit Zucker etwas nachsüßen.

**Tipp:**

Kirschkompott oder Waldbeeren unterrühren und mit Schlagsahne servieren.

Pelikan
BR40

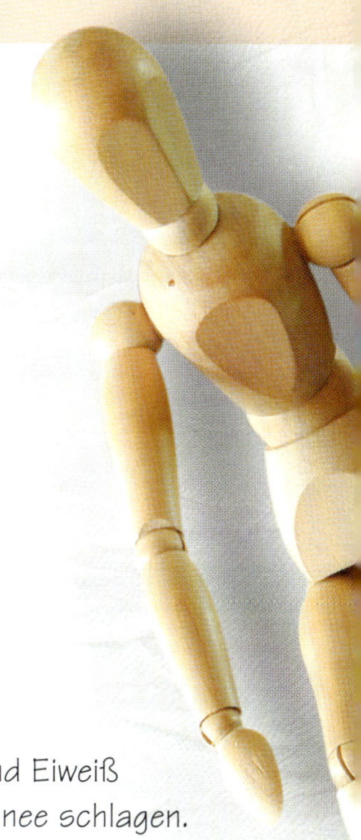

## Tiramisu

**Zutaten für 6-8 Personen:**

4 Eier
100 g Zucker
500 g Mascarpone
40-50 Löffelbiskuits
ca. 3 Tassen frisch gebrühter, starker Kaffee
eventuell etwas Rum und Bitterkakao

**Zubereitung:**

Die vier Eier aufschlagen, Eigelb und Eiweiß trennen und aus den Eiweißen Schnee schlagen. Die Eigelb mit 6 EL Zucker schaumig rühren, den Mascarpone gut unterrühren und den Eischnee vorsichtig unterziehen. Die Löffelbiskuits jeweils in Kaffee (mit etwas Rum) tränken und mit der Masse abwechselnd in eine Glasform oder Schüssel schichten. Die oberste Schicht bildet dabei die Mascarpone-Masse. Eventuell mit Bitterkakao bestreuen und kalt stellen.

## Gugelhupf

**Zutaten:**

4 Eier
140 g Butter
140 g Zucker
1 Päckchen Vanillezucker
230 g Mehl
1/2 Päckchen Backpulver
Rosinen
4-5 EL Milch
Puderzucker

**Zubereitung:**

Die vier Eier aufschlagen, Eigelb und Eiweiß trennen und aus den Eiweißen Schnee schlagen. Das Backpulver mit dem Mehl vermengen. In einer großen Rührschüssel die Eigelb, den Zucker, den Vanillezucker, die Butter, das Mehl und die Rosinen und den Vanillezucker gut verrühren und den Eischnee vorsichtig unterziehen.
Den Backofen auf 180° C vorheizen.
Eine Gugelhupf- oder Kuchen-Form mit warmer Butter ausstreichen und mit Paniermehl ausstreuen, damit der Teig nicht anhängt.
Den Teig in der Form verteilen und im Backofen bei 180° C etwa 40 Min. goldbraun backen. Den fertigen Kuchen aus der Form nehmen und mit Puderzucker bestreuen.

## Sommer-Erdbeertorte

### Zutaten:

1 fertiger Biskuit-Tortenboden
250 g Erdbeeren (kalt)
Erdbeerkonfitüre
1 Päckchen Gelatine

### Zubereitung:

Die Erdbeeren waschen und in Hälften teilen. Den Tortenboden dünn mit der Konfitüre bestreichen und die Erdbeeren auflegen. Die Gelatine laut Anleitung auf dem Päckchen zubereiten und sparsam über die Torte gießen, bis alle Beeren bedeckt sind. Fertig!

### Variante:

✗ Im Winter schmeckt die Torte z. B. mit Pfirsichhälften oder Frucht-Cocktail aus der Dose auch lecker.

## Obstsalat

**Zutaten für 2 Personen:**

1-2 Bananen (sollte immer dabei sein)
1 Apfel, säuerlich
1 Orange oder Orangensaft
250 g kernlose Weintrauben
1 TL Zitronensaft
Honig, Rum
wahlweise Melonen, Erdbeeren, Kirschen, Birnen oder Mangos und Litschis.

**Zubereitung:**

Das Obst waschen, klein schneiden und in eine große Schüssel geben. Die Orange auspressen oder Orangensaft und Zitronensaft unterrühren. Eventuell mit Honig süßen und etwas Rum dazugeben – macht einen tollen Geschmack! Im Kühlschrank etwas ziehen lassen und kalt servieren.

Pöhlmann

## Obst-Blechkuchen

**Zutaten:**

200 g Butter
200 g Zucker
400 g Mehl
4 Eier
1 Päckchen Backpulver
1 Päckchen Vanillezucker
Zimt
1000 g Aprikosen, Pflaumen oder Kirschen

**Zubereitung:**

Das Backpulver mit Mehl vermischen. Alle übrigen Zutaten in einer großen Schüssel schaumig rühren und das Mehl untermischen. Den Backofen auf 180° C vorheizen. Ein Backblech mit warmer Butter einfetten und mit Paniermehl bestreuen. Die Teigmasse auf dem Blech verteilen und mit gewaschenem, zerteiltem Obst (z. B. Aprikosen-, Pflaumen- oder Kirschhälften) belegen. Mit einem Gemisch aus Zucker und Zimt bestreuen und im Backofen bei 180° C etwa 15 Min. backen.

## Heiße Liebe – Vanilleeis mit heißen Beeren

### Zutaten für 2 Personen:

4 Kugeln Vanilleeis
250 g Waldbeeren, frisch oder tiefgekühlt
1 Päckchen Vanillezucker

### Zubereitung:

Die Waldbeeren (bei tiefgekühlten nach Anleitung auf der Packung) erwärmen und mit Vanillezucker abschmecken.
Die Eiskugeln auf einem Teller anrichten und mit der heißen Soße rasch servieren.
Als Garnitur passen Minzeblätter sehr gut.

### Variante:

✗ Statt Vanilleeis können auch Vanille- oder Creme-Jogurt bzw. Quark-Creme verwendet werden.

## Bananensplit

**Zutaten:**

1 Banane pro Person, der Länge nach halbiert oder in Scheiben geschnitten
Vanilleeis
225 g Zartbitterschokolade (Kochschokolade)
2 EL süße Sahne
2-3 EL Brandy oder Orangenlikör

**Zubereitung:**

Die Schokolade zerteilen und mit der Sahne in einer kleinen Kasserolle auf mittlerer Hitze verrühren. Vom Herd nehmen und Brandy oder Likör einrühren.
Eine Banane pro Person und eventuell Vanilleeis auf einem Teller anrichten und mit der Schokosauce großzügig verzieren.

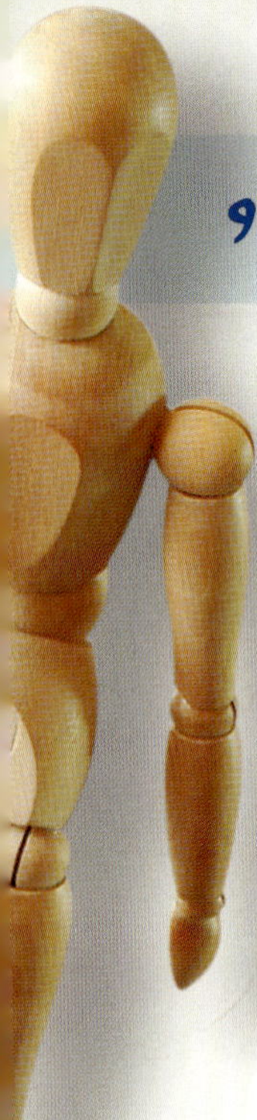

## Gervais-Torte

**Zutaten für eine Tortenform mit etwa 24 cm Durchmesser:**

150 g Eierbiskuits
125 g Butter
600 g Gervais
350 g Jogurt
3 EL Zitronensaft
1 Päckchen klarer Tortenguss
75 g Zucker

**Zubereitung:**

Die Eierbiskuits in einen Gefrierbeutel füllen und den Inhalt vollständig zerbröseln.
Die Butter schmelzen, mit den Bröseln vermengen und in eine mit Backpapier ausgelegte Tortenform drücken.
Den Gervais mit Jogurt und Zitronensaft schaumig rühren.
Tortenguss laut Anleitung auf der Packung mit Zucker zubereiten und unter die Creme rühren.
Die Masse in die Tortenform auf dem Biskuitboden verteilen und etwa 3 Stunden im Kühlschrank kalt stellen. Vor dem Servieren mit frischen Früchten garnieren.

**Variante:**

### X Erdbeer- oder Waldbeer-Torte

Von 300 g Früchten etwa die Hälfte pürieren, mit dem Tortenguss kurz aufkochen und unter die Masse ziehen.
Die restlichen Beeren grob zerkleinern und unter die Masse heben. Einige schöne Früchte zum Garnieren aufheben.

# Register

## Snacks



## Suppen und Salate



## Blitzrezepte



## Basics



## Pasta

## Risotto



## Exotische Küche



## Coole Drinks



## Desserts und leckere Kuchen

Genehmigte Lizenzausgabe
EDITION XXL GmbH
Fränkisch-Crumbach 2007

| | |
|---|---|
| Gestaltung und Satz: | Sonja Sammüller |
| | Eckhard Freytag |
| Fotografien: | Studio Pöll, Wien |
| | Mathias Weil |
| Text: | Christine Lehner |

ISBN (13) 978-3-89736-107-2
ISBN (10) 3-89736-107-3